Ylvi Brümmer

2024

Realschulabschluss

Original-Prüfungsaufgaben und Training

Hessen

Deutsch

LÖSUNGEN

STARK

20. ergänzte Auflage
www.stark-verlag.de

Inhalt

Sobald die Original-Prüfungsaufgaben 2023 freigegeben sind, können die dazugehörigen Lösungen auf MyStark heruntergeladen werden (Zugangscode vgl. Umschlaginnenseite).

Vorwort

Liebe Schülerin, lieber Schüler,

dies ist das Lösungsbuch zum Band *Original-Prüfungsaufgaben und Training Deutsch Realschule Hessen* (Best.-Nr. D06140). Es enthält ausführliche und kommentierte Lösungen zu den Übungsaufgaben im Stil der Prüfung sowie zu den vom hessischen Kultusministerium gestellten offiziellen Abschlussprüfungsaufgaben der Jahre 2019 bis 2022. Die Lösungen zur Abschlussprüfung 2023 stehen dir auf der Online-Plattform *MyStark* zum Download zur Verfügung.

Die Lösungen ermöglichen es dir, deine Leistung einzuschätzen. Es handelt sich um **Lösungsvorschläge**, die dir zeigen, wie man die Aufgaben richtig und umfassend beantworten kann. Das heißt, dass auch andere Lösungen als die hier abgedruckten möglich sind. Die Lösungen sind manchmal recht ausführlich und geben dir Anregungen, was du alles schreiben könntest. Das heißt nicht, dass deine Antworten auch immer so lang sein müssen. Wichtig ist, dass du die Hinweise beachtest, die in der Aufgabenstellung genannt sind, und alles **vollständig** und **richtig** bearbeitest.

Außerdem gilt: Versuche stets, die Aufgabe zunächst **selbstständig** zu lösen, und sieh nicht gleich in der Lösung nach. Solltest du nicht weiterkommen, helfen dir die grau markierten **Hinweise und Tipps**. Wenn du sie gelesen hast, solltest du unbedingt selbstständig weiterarbeiten. Zusätzliche Hinweise zur Bearbeitung der Aufgaben findest du im Kapitel „Grund- und Merkwissen" des Bandes *Original-Prüfungsaufgaben und Training Deutsch Realschule Hessen.* Am Schluss solltest du deine Lösung mit der Lösung hier im Buch vergleichen und deine eigenen Ergebnisse korrigieren oder ergänzen.

Sollten nach Erscheinen dieses Bandes noch wichtige Änderungen für die Abschlussprüfung 2024 vom Kultusministerium bekannt gegeben werden, findest du aktuelle Informationen dazu auf der Online-Plattform *MyStark*.

Viel Erfolg bei der Abschlussprüfung wünschen dir die Autorin und der Verlag!

Autorin:

Susanne Falk

Abschlussprüfung Deutsch an Realschulen in Hessen
Übungsaufgabe 1

Teil I: Lesen

1. a) ☒ mehr als drei Viertel seiner Maisernte.

   Hinweis: *Achtzig Prozent sind etwas mehr als drei Viertel (vgl. Z. 18f.).*

   b) ☒ Menschen und Elefanten vor gefährlichen Zusammenstößen zu schützen.

   Hinweis: *vgl. Z. 26f.*

   c) ☒ überschreiten die Elefanten die Grenzen der Schutzgebiete.

   Hinweis: *vgl. Z. 44–47*

   d) ☒ sie die Geräusche nach kurzer Zeit als ungefährlich erkennen.

   Hinweis: *vgl. Z. 69f.*

   e) ☒ Elefanten Akazienbäume mit Bienenstöcken meiden.

   Hinweis: *vgl. Z. 89–92*

2. a) ☒ dem Rauch ausweichen.

   Hinweis: *Die Redewendung „einen Bogen um etwas/jemanden machen" meint, dass man etwas (ver)meiden will, z. B. die Begegnung mit jemandem.*

   b) ☒ es verschiedene Abwehrmittel aus Chili gegen Elefanten gibt.

   Hinweis: *Paletten kennt man einerseits als stabile hölzerne Transportkonstruktionen, andererseits aber auch als Hilfsmittel für Kunstmaler, die darauf ihre Farben anmischen. Auf diese zweite Bedeutung spielt die Verwendung des Begriffs an, denn Malerpaletten weisen eine bunte Farbenvielfalt auf.*

   c) ☒ die Elefantenhaut an bestimmten Stellen besonders dünn ist.

   Hinweis: *Im Text steht, dass die Haut der Elefanten zwar bis zu drei Zentimeter dick ist, aber eben nicht überall. An den genannten Stellen kann der Stachel einer Biene die Haut durchdringen, was auch für Elefanten sehr schmerzhaft ist.*

d) ☒ der Drahtzaun doppelten Nutzen hat.

Hinweis: Die Redewendung bedeutet, dass man mit nur einer Handlung zwei Ziele erreicht. Die Zäune bieten zum einen Schutz vor den hungrigen Elefanten, zum anderen liefern die integrierten Bienenstöcke wertvollen Honig. Deshalb haben sie doppelten Nutzen.

3. ☒ Nur A und C stehen im Text.

*Hinweis: Für **Aussage A** findet sich der Beleg in den Zeilen 100–103. **Aussage B** stimmt nicht, denn der in Zeile 107 verwendete Begriff „Insekten" wird hier nur als Ersatzwort für Bienen verwendet. **Aussage C** ist richtig, wie ab Zeile 107 deutlich wird. **Aussage D** trifft nicht zu, denn der Zaun aus Draht und Bienenkörben schlägt zwar sprichwörtlich wegen seines doppelten Nutzens „zwei Fliegen mit einer Klappe", kann aber natürlich keine Fliegen abwehren.*

4. *Hinweis: Es genügt, wenn du die Textsortenmerkmale in Stichpunkten aufschreibst. Vergiss aber nicht, sie mit passenden Textstellen zu belegen. Als Belege kommen Zitate, reine Zeilenangaben, Verweise auf Textabschnitte oder auch Umschreibungen in eigenen Worten infrage.*

Mögliche Lösungen (vier erforderlich):

- Interessante Überschrift: Der Titel „Ängstliche Riesen" drückt einen Gegensatz aus und weckt auf diese Weise das Interesse der Leser*innen.
- Zweite Überschrift: Sie gibt einen aussagekräftigen Hinweis über den Inhalt des Artikels und damit eine Orientierung für die Leserschaft.
- Teaser/Lead (Z. 1–6)

  *Hinweis: In einer kurzen Zusammenfassung erfahren die Leser*innen, worum es in dem Artikel genau geht.*
- Szenischer/erlebnisorientierter Einstieg (Z. 7–20): Eine Elefantenherde zerstört das Maisfeld eines afrikanischen Bauern.

  Hinweis: Die plastische Schilderung dieses Ereignisses dient als Aufhänger für das Thema des Artikels.
- Expertenmeinung, z. B. Zitate der Elefantenforscherin Lucy King (Z. 40–42, Z. 55–59, Z. 111–114, Z. 136–138)

  Hinweis: Wörtliche oder auch indirekte Zitate von Fachleuten sichern den Wahrheitsgehalt des Inhalts ab.

- Zahlen, Daten, Fakten als Hintergrundwissen: Gründe für die Zunahme der Plünderungen durch Elefantenherden (Z. 32–39); Versuchsergebnisse in Zahlen (Z. 103–106, Z. 154–160)
  ✎ ***Hinweis:*** *Fakten dieser Art geben vertiefende Informationen.*
- Fazit: erfolgreicher Einsatz des von Lucy King entwickelten Bienenzauns (Z. 161–168)
  ✎ ***Hinweis:*** *Das Ergebnis der beschriebenen Methode wird zusammengefasst.*
- Anschauliche Sprachgestaltung: Verwendung von Sprachbildern, z. B. Vergleiche (z. B. Z. 119: „wie von der Biene gestochen“), Metaphern (z. B. Z. 30: „ein summender Verbündeter“), Redewendungen (z. B. Z. 151 f.: „zwei Fliegen mit einer Klappe schlagen“)
  ✎ ***Hinweis:*** *Auf diese Weise werden wissenschaftliche Informationen verständlich und lebensnah aufbereitet.*
- Wechsel der Zeitform: Präsens (z. B. Z. 1–6, Z. 51–59), Präteritum (z. B. Z. 7–10, Z. 13–18, Z. 154–168), Perfekt (z. B. Z. 23–27, Z. 43 f., Z. 60 f., Z. 69 f., Z. 111), Plusquamperfekt (z. B. Z. 10 f., Z. 86–89)
  ✎ ***Hinweis:*** *Die Darstellung von Beobachtungen und Tatsachen wechselt mit Schilderungen vergangener Ereignisse ab. Damit bekommen die Leser*innen das Gefühl, unmittelbar teilzunehmen.*

5.

Zitat	**Sprachliches Mittel**
„Ängstliche Riesen“ (Überschrift)	B
„Wie eine Naturgewalt walzte die Herde über den Acker“ (Z. 13 f.)	D
„mit dem beißenden Rauch verbrennender Chili-Schoten“ (Z. 74 f.)	C
„in rupfenden Rüsseln“ (Z. 164 f.)	A

✎ ***Hinweis: Antithese (B):*** *Die Kombination von „ängstlich“ und „Riesen“ drückt einen Gegensatz aus, da man den Begriff „Riesen“ mit etwas sehr Großem und Furchteinflößendem verbindet.* **Vergleich (D):** *Das Verbindungswort „wie“ kennzeichnet dieses Sprachbild als Vergleich.* **Personifikation (C):** *Dem Rauch der verbrennenden Chilischoten wird die Fähigkeit eines lebendigen Wesens (beißen) zugesprochen.* **Alliteration (A):** *Damit bezeichnet man den gleichen Anlaut aufeinanderfolgender Wörter.*

6. a) Es handelt sich bei diesen Ausdrücken um Metaphern.

   ✎ ***Hinweis:*** *Bei Metaphern wird ein Begriff durch einen anderen, bildhaften Ausdruck bzw. eine Wortgruppe aus einem anderen Themenbereich ersetzt.*

   b) Durch die Verwendung der Metaphern vermeidet die Autorin zum einen allzu häufige Wiederholungen, zum anderen wird der Text durch diese bildhaften Ausdrücke lebendiger und anschaulicher.

7. ✎ ***Hinweis:*** *Beim textbezogenen „Erläutern" geht es darum, wichtige Aussagen und Zusammenhänge aus dem Text abzuleiten und mithilfe von Beispielen (Zitate, Umschreibungen) nachvollziehbar darzulegen. Für die vollen sechs Punkte müssen zwei verschiedene Gründe für die Zunahme der Konflikte aus dem Text abgeleitet, mit eigenen Worten dargestellt und belegt werden.*

   Bis vor 40 bis 50 Jahren wurden viele Elefanten von Wilderern getötet, sodass die wandernden Herden nicht so groß waren. Seit die illegale Jagd abgenommen hat, gibt es wieder mehr Elefanten, die auf der Suche nach Futter Felder zerstören (vgl. Z. 34–37, Z. 44–50).
   Gleichzeitig wächst auch die Bevölkerung in vielen Regionen Afrikas. Dadurch wird der Lebensraum für die Elefanten immer kleiner, weil die Menschen das Land für Wohnraum, Felder und Viehweiden benötigen (vgl. Z. 37–42).

8. ✎ ***Hinweis:*** *Hier sollen bestimmte Aussagen und Inhalte erkannt und aus dem Textzusammenhang herausgelöst werden. Es geht bei dieser Aufgabe also nur darum, die verschiedenen vorgestellten Methoden zur Abschreckung von Elefanten darzustellen. Du musst weder begründen, warum die Tiere vertrieben werden sollen, noch beschreiben, wie die Verhaltensforscher zu ihren Ergebnissen gekommen sind. Es gibt jeweils zwei Punkte für ein schlüssig herausgearbeitetes Beispiel mit dem passenden Textverweis (Zeilenangabe).*

   Mögliche Lösungen (zwei erforderlich):
   - Eine einfache, aber nur kurzfristig wirksame Methode, um Elefanten zu vertreiben, ist die Erzeugung von Lärm, z. B. durch Trommeln oder Feuerwerk. Die Tiere lernen jedoch schon nach kurzer Zeit, dass der Krach nicht gefährlich ist. (Vgl. Z. 65–71)
   - Beim Verbrennen von Chilischoten entsteht ein scharfer Rauch, dem die empfindlichen Tiere offenbar lieber aus dem Weg gehen und an den sie sich nicht so schnell gewöhnen wie an Lärm. Deshalb gibt es inzwischen verschiedene Produkte, die Chili enthalten und die von den Bauern als Vertrei-

bungsmittel eingesetzt werden, z. B. Spray oder Öl, das auf die Zäune geschmiert wird, oder chilihaltige Briketts, deren Qualm beim Verbrennen die Elefanten vertreibt. (Vgl. Z. 72–85)
- Da Elefanten Angst davor haben, von Bienen gestochen zu werden, sind sogenannte Bienenzäune ein besonders wirksames Mittel, Elefanten von den Feldern fernzuhalten. Dabei werden Bienenstöcke mit Draht verbunden und um die Felder herum aufgestellt. (Vgl. Z. 148–160)

9. ✎ ***Hinweis:*** *Bei einer Erklärung sollen Zusammenhänge durch verständliche Formulierungen deutlich werden. Du musst also die angegebene Textstelle noch einmal genau lesen und anschließend mit eigenen Worten den Ablauf des „Bienen-Alarms" aufschreiben.*

Wenn Elefanten das Summen angriffslustiger Bienen hören, verhalten sie sich schon so, als ob sie die Insekten abschütteln und vertreiben würden: Sie wirbeln Staub auf und schütteln heftig die Köpfe. Anschließend flüchten sie und stoßen dabei ein typisches grollendes Geräusch aus, was auf ihre Artgenossen wie ein Alarmsignal wirkt und sie ebenfalls zur Flucht veranlasst. (Vgl. Z. 111–121)

10. ✎ ***Hinweis:*** *Egal ob du die Forderung ablehnst oder ihr zustimmst, in beiden Fällen kommt es darauf an, dass du deine Haltung nachvollziehbar begründen kannst. Dazu kannst du dich sowohl auf Sachverhalte stützen, die im Text genannt werden, als auch auf allgemeine Erkenntnisse oder dein eigenes Wissen.*

Ablehnung:
Ich kann dieser Forderung nicht zustimmen, da sie an der Realität vorbeigeht. Im Text steht, dass Elefanten Wanderer sind, „die auf der Suche nach Wasser und Futter immer wieder die Grenzen dieser Refugien [Schutzgebiete] überschreiten" (Z. 45–47). Das bedeutet, dass es auf artgerechte Weise nicht möglich ist, die Tiere in festgelegten Gebieten zu halten. Würde man das versuchen, könnte man die Elefanten genauso gut in zoologische Gärten einsperren.

Zustimmung:
Ich kann diese Forderung gut nachvollziehen. Die wachsende Bevölkerung hat ein Recht darauf, das Land zur Besiedelung und zur Nahrungsmittelproduktion zu nutzen. Lässt man die Elefanten weiterhin ungehindert durch die Felder ziehen und die Arbeit der Bauern zerstören, haben die Länder in Afrika niemals die Chance, sich aus der Abhängigkeit von der Entwicklungshilfe reicher Nationen zu befreien.

Teil II: Schreiben

II.A: Textproduktion (Wahlaufgabe)

a) ***Hinweis:*** *Bei dieser Aufgabe kannst du von einem eigenen Erlebnis erzählen, aber natürlich kannst du auch etwas erfinden. Wichtig ist, dass du deine Geschichte in Einleitung, Hauptteil und Schluss gliederst und ihr einen Spannungsverlauf gibst, der die Leser*innen dazu veranlasst weiterzulesen. Überlege dir, wie du deinen Text abwechslungsreich und anschaulich gestalten kannst (Satzbau, Wortwahl, wörtliche Rede etc.). Die Leser*innen deiner Geschichte sollten sich die dargestellte Situation und die beteiligten Personen gut vorstellen können. Achte daher auf treffende und lebendige Beschreibungen, denke aber auch daran, dich nicht in Einzelheiten zu „verzetteln“: Der rote Faden in deiner Geschichte sollte immer klar erkennbar bleiben.*

Fipsi ist weg

treffende Überschrift

Einleitung
Darstellung der Ausgangssituation

Seit ich denken kann, habe ich mir ein eigenes Haustier gewünscht. Nach langem Bitten und Betteln bekam ich zu meinem zehnten Geburtstag einen kleinen Hamster geschenkt. Sein weiches Wuschelfell war blond-weiß gescheckt, er hatte zartrosa Tütenöhrchen und allerliebste schwarze Knopfaugen, mit denen er neugierig zwischen den Gitterstäben seines Käfigs hervorschaute. Fipsi, wie ich das Hamsterkind taufte, wurde sehr schnell zutraulich.

Beschreibung des Hamsters Fipsi

Hauptteil
Schilderung der allabendlichen Klettertouren des Hamsters

Da das Tierchen den gesamten Tag verschlief, war es am Abend, wenn ich den Käfig öffnete, voller Tatendrang. Die Abenteuerspielplätze, die mein Bruder ihm aus Legosteinen und leeren Klopapierrollen baute, reichten ihm bald nicht mehr. Er liebte es, sich in den Spalt zwischen Bücherregal und Wohnzimmerwand zu quetschen und mit seinen kleinen Krallenfüßen wie ein Extremkletterer an der rauen Tapete senkrecht nach oben zu robben. Dann saß er oben auf dem Regal, wischte sich die Spinnweben aus dem Bart und blickte triumphierend aus seinen blanken Äuglein hinunter ins Wohnzimmer. Denselben Weg zurück traute er sich allerdings nicht zu, sondern er ließ sich hinunterheben, um sofort wieder hinter dem Regal zu verschwinden und die nächste Klettertour anzugehen. Außer dem zarten Kratzen seiner

Krallen hörte man dabei auch immer wieder emsige Knuspergeräusche, was besonders meinen Vater ziemlich irritierte. Was in aller Welt konnte Fipsi hinter dem Regal zu fressen vorfinden?

Spannungsaufbau: Knuspergeräusche hinter dem Regal

Eines Abends passierte es: Fipsi verschwand wie immer hinter dem Regal, tauchte auf seinem Ausguck aber nicht auf. Wir warteten stundenlang, ich sollte ins Bett gehen, doch ich weinte, jammerte und flehte, bis meine Eltern das gesamte Bücherregal ausräumten, um das schwere Möbel von der Wand abrücken zu können. Kein Hamster, doch die Isolierung des Antennenkabels, das hinter dem Regal verlief, war vollkommen abgefressen. Das erklärte zwar die Fressgeräusche, tröstete mich aber nicht. Fipsi blieb verschwunden. In den folgenden Tagen suchte ich jeden Winkel und jeden Spalt in der Wohnung ab, leuchtete mit der Taschenlampe hinter Möbelfüße und abstehende Sockelleisten – nichts. Dann begann ich, kleine Näpfchen mit Hamsterfutter an strategischen Punkten in der Wohnung aufzustellen. Und tatsächlich: Irgendjemand schien sich an den Körnern zu bedienen. Ich wollte mich nachts auf die Lauer legen, doch meine Eltern schickten mich ins Bett. Aber jetzt war ich mir sicher, dass Fipsi lebte, nächtliche Streifzüge in der Wohnung unternahm und irgendwo einen Schlafplatz gefunden hatte. Wo konnte das sein? Weitere Tage der Ungewissheit verstrichen, bis meine Mutter den Handfeger unter der Spüle hervorholte und verblüfft feststellte, dass die Haare des kleinen Besens vollkommen abgefressen waren. Kurze Zeit später fanden wir des Rätsels Lösung: Fipsi hatte entlang des Wasserzulaufs einen Weg hinter die Spülmaschine gefunden und sich dort ein gemütliches Nest aus Besenhaaren gebaut. Verschlafen blinzelte er ins Licht der Taschenlampe, als ich durch den schmalen Spalt unter der Spüle leuchtete.

besonderes Ereignis / Höhepunkt: plötzliches Verschwinden des Hamsters

tagelange Suche

Aufstellen von Futterquellen

Auflösung der Spannung: Wiederfinden des Hamsters

Zurück im Käfig, schien er mir ziemlich erleichtert. Aber es dauerte eine Weile, bis er wieder ins Wohnzimmer durfte. Das neue Antennenkabel hat mein Vater direkt unter der Zimmerdecke verlegt.

Schluss

Konsequenzen des Ereignisses

b) *Hinweis: **Berichte** dienen dazu, ihre Leserschaft über eine Handlung, ein Ereignis oder eine Situation zu **informieren**. Der Bericht enthält alle wichtigen Fakten, die mithilfe der **W-Fragen** dargestellt werden. Die Sprache ist sachlich und neutral, d. h., die eigene Meinung des Verfassers bzw. der Verfasserin soll nicht enthalten sein. Geschrieben wird der Bericht in den Zeitformen der Vergangenheit (überwiegend Präteritum), da das Ereignis bereits passiert ist (Ausnahme: Zitate von Beteiligten).*
*Formuliere eine passende **Überschrift**, die Interesse weckt. In der **Einleitung** gibst du in einem sogenannten Berichtskern einen Überblick über die wichtigsten Fakten: **Was** ist **wann** und **wo** passiert, **wer** war beteiligt? Der **Hauptteil** befasst sich ausführlich mit dem Ablauf des Geschehens und beantwortet dabei die W-Fragen: **Warum? Wie? Womit? Welche Folgen** hat das Ereignis? Im **Schlussteil** kannst du zur Abrundung z. B. Beteiligte in Form eines Zitats zu Wort kommen und sie ein Fazit ziehen lassen.*

Tierschutz macht Schule

treffende Überschrift

Der Welttierschutztag ist ein internationaler Aktionstag, der seit fast 100 Jahren am 4. Oktober begangen wird und daran erinnern soll, dass wir Menschen für das Wohl der Tierwelt verantwortlich sind und Rücksicht auf die Bedürfnisse aller Lebewesen in unserer Umgebung nehmen müssen. Auf Anregung der Klassen- und Biologielehrerin Frau Sperber-Schmidt hat die 10B3 der Bertha-von-Suttner-Schule in diesem Jahr an der Aktion teilgenommen und mit verschiedenen Projekten erprobt, wie Schüler*innen in ihrer direkten Umgebung praktischen Tierschutz ausüben können.

Einleitung / Lead mit einer kurzen Zusammenfassung der wichtigsten Informationen (Was? Wann? Wer? Wo?)

Die Idee zu dem Projekt entstand, weil sich auffällig viele Schülerinnen und Schüler im Rahmen ihrer mündlichen Abschlussprüfung mit Themen beschäftigen wollten, die mit Massentierhaltung, umweltverträglicher Nahrungsmittelproduktion, dem Artensterben, sogenannten „Qualzüchtungen" bei Haustieren oder auch veganer und vegetarischer Ernährung zu tun haben. Frau Sperber-Schmidt schloss daraus, dass diese Fragestellungen ihre Klasse weit mehr interessierten als der aktuelle Unterrichtsstoff in Biologie, und schlug deshalb vor, anlässlich des Welttierschutztages am 4. Oktober eine Projektwoche zum Thema „Tierwohl geht uns alle an" durchzuführen.

Hauptteil Erläuterung der Hintergründe (Warum?)

Dazu wurde zunächst mithilfe eines Brainstormings in der Klasse ein Katalog mit Themenschwerpunkten und Fragestellungen entwickelt, zu denen in verschiedenen Arbeitsgruppen recherchiert und gearbeitet werden sollte. Biniam, Devin, Anke, Eleni und Jean-Paul wollten sich mit Herkunft und Zusammensetzung unseres Mensaessens beschäftigen und dabei den Anteil an biologisch erzeugten Lebensmitteln überprüfen. Außerdem hatten sie vor, gemeinsam mit dem Zulieferer die Möglichkeit zu diskutieren, einmal wöchentlich nur vegetarische oder vegane Gerichte anzubieten. Die Gruppe von Emilia, Phoebe, Lennox und Vivienne plante eine Schulhoferkundung: Welche Tierarten leben auf dem Außengelände unserer Schule? Wie kann eine naturnahe Schulhofgestaltung aussehen? Gibt es genügend Nist- und Rückzugsmöglichkeiten für einheimische Wildvögel? Passend zu diesem Thema wollten Jannis, Leonie, Marvin, Mike und Aeneas ein ganz besonderes Insektenhotel designen und ihren Entwurf in der Holzwerkstatt mit verschiedenen Materialien umsetzen. Eine Wandzeitung mit aktuellen Informationen zum Thema „Massentierhaltung und mögliche Alternativen“ war die Aufgabe, der sich Marlon, Melina, Leony, Laura und Kaswa widmeten. Die Gruppe von Sebastian, Till, Maria, Silas und Aleyna entwarf eine Liste mit Interviewfragen, mit denen sie in den Parallelklassen die Ernährungsgewohnheiten ihrer Mitschüler*innen sowie deren Kenntnisstand über Biolebensmittel erfragen und anschließend in einer Statistik zusammenstellen wollten. Mit welchen Problemen seit der Corona-Pandemie die Tierheime in der Umgebung zu kämpfen haben, war das Thema von Eleni, Jannis, Faycal, Aleksa und Marvin.

Durchführung / Vorgehensweise: Festlegung von Arbeitsschwerpunkten / Gruppenfindung (Wie? / Womit?)

Nachdem die Aufgaben verteilt waren, machte sich die Klasse mit Feuereifer an die Arbeit. Die Tierheimgruppe bekam von der Schulleitung die Erlaubnis, mit dem Bus nach Hanau und Fechenheim zu fahren, um in den dortigen Tierauffangstationen zu recherchieren. In der Holzwerkstatt entstand aus Kiefernholz, Stroh, Bambus, Tannenzapfen und anderen Naturmaterialien nach Leonies ungewöhnlichem Entwurf ein Insektenhotel, das wie ein mehrstöckiges Fach-

Beispiele für die Umsetzung

werkhaus aussah. Lennox hatte von seinem Opa leihweise zwei Wildtierkameras bekommen, mit denen die nächtlichen Tierbewegungen auf dem Schulgelände aufgezeichnet werden konnten. Außerdem erstellte die Gruppe ein Register der vorhandenen Nisthilfen und dokumentierte mithilfe von Fotos und Bestimmungsbüchern, welche Wildvogelarten sich bereits jetzt auf unserem Schulhof zu Hause fühlen.

Beispiel für Schwierigkeiten bei der Umsetzung

Die größten Schwierigkeiten, zu Ergebnissen zu kommen, ergaben sich bei der Mensagruppe. Die Zulieferfirma konnte oder wollte keinen Gesprächstermin mit den Jugendlichen ausmachen und auch keine Informationen über die Herkunft der verarbeiteten Lebensmittel liefern. Deshalb beschlossen Biniam und seine Gruppe, sich stattdessen das Mensaangebot genauer anzuschauen und mithilfe von Befragungen nach Beliebtheit und Geschmack einen tierwohlgerechten Essensplan zusammenzustellen.

Arbeitsergebnisse

Am Ende der Woche dokumentierten die Gruppen ihre Arbeitsergebnisse in Form von Fotos, Texten und Diagrammen auf großen Plakaten, die an Stellwänden befestigt in der Aula den anderen Klassen und auch dem Lehrerkollegium gezeigt wurden. Einige der Präsentationen führten zu hitzigen Diskussionen, z. B. ob die Schule vom Essenszulieferer ein tierwohlgerechtes Mensaangebot einfordern könnte. Besondere Aufmerksamkeit bekam auch das große Fachwerk-Insektenhotel; es wird demnächst im Schulgarten aufgestellt und soll möglichst vielen nützlichen Krabbeltieren Unterschlupf bieten. Für den meisten Gesprächsstoff sorgte jedoch der Film, den die Schulhofgruppe aus den Aufnahmen der beiden Wildtierkameras zusammengeschnitten hatte: Niemand hätte gedacht, dass so unterschiedliche nachtaktive Mitlebewesen das Schulgelände als Jagd- und Kampfrevier nutzen und vor allem ihren Speiseplan mit den entsorgten Pausenbrotresten ergänzen: Außer verschiedenen Katzen aus den angrenzenden Wohngebieten gehen mindestens zwei Marder, ein Fuchs, mehrere Igel, ein Wiesel, Spitzmäuse, Feldmäuse und sogar ein Kauz regelmäßig rund um die Schule auf Nahrungssuche. In einem Kommentar zu ihrem Film appellierte die Gruppe an alle Schüler*innen, den für

Welche Folgen ergeben sich aus dem Projekt?

die Tiere ungesunden Abfall nicht in den umliegenden Hecken zu entsorgen.

Dass ihnen die Projektwoche trotz mancher Schwierigkeiten viel gebracht hat, davon sind alle in der Klasse überzeugt. „Bei dieser Aktion habe ich viel mehr über mein Prüfungsthema gelernt, als wenn ich mich alleine damit auseinandergesetzt hätte. Außerdem hat es auch noch Spaß gemacht“, lautet stellvertretend für die Klasse Melinas Fazit, die demnächst ihre Projektprüfung über „Alternativen zur Massentierhaltung“ ablegen wird. Und auch Lennox hat seine Sichtweise geschärft: „Seit ich weiß, wer hier alles wohnt, sehe ich unseren Schulhof mit ganz anderen Augen.“

Schluss

positives Fazit:
- Hilfe bei der Prüfungsvorbereitung
- veränderte Sichtweise

II.B: Sprachliche Richtigkeit

1. Das drittwichtigste Nutztier in Europa ist die Biene. Nicht nur die Imker**, (fehlendes Komma)**[1] sondern vor allem die Blütenpflanzen ~~profitiren~~ **profitieren**[2] von der Beziehung zwischen Bienchen und Blümchen. Auf die ~~bestäubung~~ **Bestäubung**[3] durch die schwarz-gelben Brummer sind nahezu 80 Prozent der heimischen ~~Nutzpflantzen~~ **Nutzpflanzen**[4] angewiesen, um ihre Vermehrung sicherzustellen. Das heißt: ~~Gähbe~~ **Gäbe**[5] es keine Bienen, würden nur ~~Zwei~~ **zwei**[6] statt hundert Äpfel reifen. Experten schätzen den volkswirtschaftlichen Nutzen der ~~Inseckten~~ **Insekten**[7] allein in Deutschland auf annähernd zwei Milliarden Euro, europaweit soll die Zahl nach ~~Ausage~~ **Aussage**[8] des Imkerbundes 14,4 Milliarden Euro betragen. Damit belegt *Apis mellifera*, wie die Honigbiene unter Zoologen genannt wird**, (fehlendes Komma)**[9] nach Rind und Schwein Platz drei der wichtigsten Nutztiere. ~~Wärend~~ **Während**[10] man auf Fleisch ~~nothfalls~~ **notfalls**[11] verzichten könnte, ist der Einsatz der eifrigen Bestäuber durch nichts zu ersetzen. Auch von blühenden ~~Landschafften~~ **Landschaften**[12] müssten wir ohne die Arbeit der bienenfleißigen Helfer wohl Abschied nehmen.

   Hinweis: ***1)*** *Bei „sondern" handelt es sich um eine Konjunktion, die einen Gegensatz zum Ausdruck bringt. Vor „sondern" muss immer ein Komma stehen.* ***2)*** *Der zweite i-Laut wird lang gesprochen, daher musst du „ie" schreiben.* ***3)*** *Dass es sich hier um ein Nomen handelt, erkennst du an dem vorangestellten Artikel „die".* ***4)*** *Du musst das Wort „Nutzpflanze" mit einfachem „z" schreiben, da dem „z" ein Konsonant vorausgeht. Nur nach kurzem Vokal schreibt man „tz" (z. B. pu**tz**en).* ***5)*** *Ein Dehnungs-h steht nur vor den Konsonanten „l", „m", „n" und „r", nie vor „b".* ***6)*** *Bei „zwei" handelt es sich um ein Adjektiv (Zahlwort), das sich auf das Nomen „Äpfel" bezieht.* ***7)*** *„Insekt" ist ein Fremdwort (von lateinisch „insectum"). Daher schreibt man nicht „ck", obwohl ein kurz gesprochener Vokal vorangeht. Sieh im Wörterbuch nach, wenn du dir bei der Schreibung unsicher bist.* ***8)*** *Suche nach einem verwandten Wort und zerlege es in seine Bestandteile: Aussage → aussagen (Vorsilbe „aus" + Verb „sagen").* ***9)*** *Das „wie" ist hier eine Konjunktion und leitet einen Nebensatz ein. Nach dem finiten Verb am Nebensatzende („wird") muss daher ein Komma stehen.* ***10)*** *Das „ä" in „während" wird lang gesprochen und es folgt der Konsonant „r", deshalb muss das Dehnungs-h stehen.* ***11)*** *Suche nach einem verwandten Wort und zerlege es in seine Bestandteile: notfalls → Notfall → Not + Fall. Das Nomen „Not" schreibt man ohne „h" am Ende.* ***12)*** *Auf den kurz gesprochenen Vokal in „-schaften" folgen zwei verschiedene Konsonanten („f" und „t"). In diesem Fall schreibt man keinen Doppelkonsonanten „ff".*

2. b) Es hatte Nachts geregnet und gestürmt, sodass der Boden voll mit nassem Laub lag und die Schüler*innen ständig ins Rutschen kamen.

Hinweis: *„nachts“ ist hier Adverb → Kleinschreibung*

c) Am Gefährlichsten war es neben dem Eingang, wo sich die Fünftklässler mit dem Werfen von nassen Blättern vergnügten.

Hinweis: *Superlativ zum Adjektiv „gefährlich“ → Kleinschreibung*

e) So kam es, dass ein Schüler mit einem Haufen Laub etwas Hartes an den Kopf bekam und zum verbinden in den Sanitätsraum musste.

Hinweis: *„Verbinden“ ist hier eine Nominalisierung. Du erkennst sie an dem vorangestellten Artikel (zum Verbinden = zu dem Verbinden).*

g) Der Übeltäter musste wegen seines ungehorsams eine Strafarbeit schreiben.

Hinweis: *Das Possessivpronomen „sein“ ist ein typischer Nomenbegleiter.*

3.

Satz	**Begründung**
„Guten Morgen!“**,** rief die Klasse zur Begrüßung im Chor.	C
Das war ungewöhnlich**,** denn es war bereits die letzte Stunde des Vormittags.	E
Die Lehrerin erzählte den Kindern**,** dass sie sie zu einem Naturschutzwettbewerb angemeldet habe.	D
Die Klasse**,** besonders die Jungen**,** war sofort begeistert.	B
Sie riefen durcheinander: „Wir schaffen das**,** wir gewinnen auf jeden Fall**,** wir sind die Besten!“	E

Hinweis: Satz 1: *Bei direkter Rede steht nach dem schließenden Anführungszeichen immer ein Komma, wenn ein Redebegleitsatz folgt.* ***Satz 2:*** *„Denn“ ist hier eine nebenordnende Konjunktion, die zwei Hauptsätze miteinander verbindet (finites Verb jeweils an zweiter Position im Satz).* ***Satz 3:*** *„Dass“ leitet als unterordnende Konjunktion einen Nebensatz ein (finites Verb „habe“ am Satzende).* ***Satz 4:*** *„besonders die Jungen“ ist kein eigenständiger (Neben-)Satz, sondern ein nachgestellter Einschub, da kein Verb enthalten ist.* ***Satz 5:*** *Es handelt sich um drei Hauptsätze, die durch Komma voneinander getrennt werden. Jeder Satz könnte auch für sich alleine stehen.*

4.

Satz	**Strategie**
Die Klasse wünscht ihrem Lehrer **G**esundheit und ein langes Leben.	A
Beim Klettern brach Tom sich den Fu**ß**.	E
Weil die Hose zu kurz war, musste sie verl**ä**ngert werden.	B
In dürren Blättern säuselt der Win**d**.	C
Nach dem Fest mussten die Schüler*innen den Saal aufr**äu**men.	B

Hinweis: Satz 1: *„Gesundheit" ist ein Nomen; „-heit" ist eine typische Nomenendung.* ***Satz 2:*** *scharfes „ß" nach lang gesprochenem Vokal;* ***Satz 3:*** *Wortursprung: lang → verlängert;* ***Satz 4:*** *Mehrzahl: Winde → Wind; der Binnenlaut „d" wird weich gesprochen.* ***Satz 5:*** *auf + räumen, Wortursprung: Raum → räumen*

Abschlussprüfung Deutsch an Realschulen in Hessen
Übungsaufgabe 2

Teil I: Lesen

1. Die Luft ist **lau**. Es wird **Frühling**. Aus dem Wald erklingen **Hörner**. Die Augen leuchten vor **Mut**. Das bunte „Wirren“ des Frühlings wirkt wie ein **wilder Fluss** und verlockt dazu, **in die (schöne) Welt** zu ziehen.

   Hinweis: *vgl. V. 1 f., V. 3 („Hörnerklang“), V. 4 („Mutger Augen“), V. 6 f.*

2. a) ☒ das Farbenspiel und die Lebendigkeit des Frühlings

   b) ☒ Bewegung und Aufbruch.

   c) ☒ Das lyrische Ich will sich von der Aufbruchsstimmung des Frühlings mitreißen lassen.

   Hinweis: *Die erste Antwortmöglichkeit ist falsch, da sie nicht berücksichtigt, dass nach der übertragenen Bedeutung der Verse gefragt wird. Das lyrische Ich will sich „**nicht** bewahren“. Sich vor etwas bewahren heißt, dass man sich vor etwas schützen möchte. Das lyrische Ich möchte sich aber nicht schützen, es möchte „auf dem Strome fahren“, d. h. im übertragenen Sinne, dass es sich von der Aufbruchsstimmung mitreißen lassen möchte.*

   d) ☒ Trennung

   Hinweis: *Das lyrische Ich muss sich von seiner Familie und seinen Freunden trennen, wenn es in die Welt ziehen möchte.*

3. a) ☒ Freude

   b) V. 10: „Weit von euch treibt mich der Wind.“ Das lyrische Ich muss Abschied nehmen von seinen Freunden/seiner Familie.

   V. 15 f.: „[…] Ich mag nicht fragen,/Wo die Fahrt zu Ende geht!“ In die Freude über den Frühling mischt sich Wehmut; das lyrische Ich weiß, dass „die Fahrt“, d. h. Frühling und Aufbruchsstimmung, irgendwann zu Ende sein wird.

Hinweis: *Beachte, dass in Aufgabe a) nach der Grundstimmung, d. h. nach der vorherrschenden Stimmung gefragt wird. Das lyrische Ich empfindet zwar auch Wehmut, die Freude überwiegt aber.*

4. a) *Fühlen:* „Laue Luft" (V. 1); das lyrische Ich fühlt sich getrieben („Weit von euch treibt mich der Wind", V. 10); „selig" (V. 12)

   Hören: „Hörnerklang geschossen" (V. 3); „Stromes Gruß" (V. 8); „Tausend Stimmen lockend schlagen" (V. 13)

   Sehen: „blau" (V. 1); „Mutger Augen lichter Schein" (V. 4); „bunt und bunter" (V. 5); „schöne Welt" (V. 7); „Hoch Aurora flammend weht" (V. 14)

   b) V. 2: „Frühling, Frühling soll es sein." Das lyrische Ich spürt die ersten Vorboten des Frühlings und ist schon sehr ungeduldig. Es kann die Ankunft des Frühlings kaum noch erwarten.

   V. 11: „Auf dem Strome will ich fahren." Das lyrische Ich möchte sich mitreißen lassen von den Glücksgefühlen, die der anbrechende Frühling bei ihm auslöst.

   V. 15 f.: „Fahre zu! Ich mag nicht fragen,/Wo die Fahrt zu Ende geht!" Das lyrische Ich will sich seiner freudigen Stimmung hingeben und bewusst verdrängen, dass diese nicht immer so schön bleiben wird.

5. a) In den Versen 2, 9, 12, 15 und 16 sind Ausrufe enthalten. Das verstärkt die Darstellung der Begeisterung des lyrischen Ichs über den Frühling.
   Die Vokale „a" und „o" („magisch", „Strom", „Glanze", „lockend", „hoch", „Aurora") drücken die Überschwänglichkeit und das freudige Erstaunen über die vielfältigen Erscheinungsformen des Frühlings aus.

   b) Das Gedicht enthält viele Sprachbilder, die Bewegung ausdrücken: „blau geflossen" (V. 1), „magisch wilder Fluss" (V. 6), „[…] hinunter/Lockt dich dieses Stromes Gruß" (V. 7 f.), „Weit von euch treibt mich der Wind" (V. 10), „Auf dem Strome will ich fahren" (V. 11), „Hoch Aurora flammend weht " (V. 14).

6.

Zitat	Sprachliches Mittel
„Und das Wirren bunt und bunter“ (V. 5)	B/A
„Weit von euch treibt mich der Wind“ (V. 10)	E
„Waldwärts Hörnerklang geschossen, / Mutger Augen lichter Schein“ (V. 3 f.)	C
„Frische Fahrt“ (Titel); „Laue Luft […]“ (V. 1)	A
„Hoch Aurora flammend weht“ (V. 14)	F/E

7. a) Reimschema: Kreuzreim (abab, cdcd, efef, ghgh); Metrum: Trochäus

   b) Die unvollständigen Sätze in der ersten Strophe (V. 3 f.) verstärken das beschriebene „bunte Wirren“ (vgl. V. 5) des anbrechenden Frühlings.

   Der durchgängige Kreuzreim vermittelt Dynamik und unterstreicht damit die Vorwärtsbewegung der Fahrt.

   Das regelmäßige Metrum des vierhebigen Trochäus sorgt für fließende Bewegung und unterstützt die lustvolle Aufbruchsstimmung des Gedichts.

8. *Lösungsvorschlag 1:*
Meiner Meinung nach trifft die erste Aussage am ehesten zu. Mithilfe zahlreicher Sprachbilder und der äußeren Form des Gedichts werden Bewegung und Beschleunigung dargestellt. Der Grund für all dies Fließen, Fahren und Wehen ist der Beginn des Frühlings und das Ende des Winters, in dem die Natur stillstand. Mit dem ersten zarten Wehen der „lauen Luft“ (V. 1) ist dieser Zustand beendet, der Frühling löst die Starre mit Wärme und bunten Farben. Das Gedicht umschreibt die Bewegung, die die wieder erwachende Natur mit sich bringt. Auch die Menschen lassen sich von der Dynamik des Frühlings anstecken, verlassen ihre Häuser und gehen auf Reisen, wie es schon der Titel „Frische Fahrt“ vermittelt.

Lösungsvorschlag 2:
Ich entscheide mich für die zweite Aussage. Wie in vielen Gedichten, in denen Jahreszeiten verschiedene Lebensalter symbolisieren, steht auch hier der Frühling für den Aufbruch in einen neuen Lebensabschnitt. Das „bunte Wirren“ (vgl. V. 5) könnte für die Unsicherheiten der Pubertät stehen, der „magisch wilde“ (V. 6) Fluss ist der Fluss des Lebens, der gefährlich, aber auch geheimnisvoll

und verlockend ist. Noch deutlicher wird diese Interpretationsmöglichkeit in der zweiten Strophe. Das lyrische Ich wirft alle Bedenken über Bord, lässt sich betören von den Möglichkeiten, die ihm das Leben bietet („Von dem Glanze selig blind!“, V. 12) und gibt sich dem Abenteuer des Lebens hin. Dabei geht es bewusst das Risiko ein, das Ziel nicht zu kennen: „Fahre zu! Ich mag nicht fragen/ Wo die Fahrt zu Ende geht!“ (V. 15 f.)

Lösungsvorschlag 3:
Die letzte Aussage passt am besten auf das Gedicht. Zunächst wird ausführlich beschrieben, welche Sinneseindrücke durch den erwachenden Frühling vom lyrischen Ich wahrgenommen werden: Es spürt die warme Luft, hört den Klang der Jagdhörner, sieht die verwirrend bunten Farben, mit denen sich die Natur nach dem Grau des Winters schmückt. Voller Begeisterung lässt es sich mitreißen und gibt sich genießerisch der Fülle der Wahrnehmungen hin: „Auf dem Strome will ich fahren/Von dem Glanze selig blind!“ (V. 11 f.). In all diese Freude mischt sich jedoch bereits Wehmut über das baldige Ende des Frühlings: „Ich mag nicht fragen,/Wo die Fahrt zu Ende geht!“ (V. 15 f.)

Teil II: Schreiben

II.A: Textproduktion (Wahlaufgabe)

a) *Hinweis: Bei dieser Aufgabenstellung sollst du die Eingangsfrage erörtern und zu einem begründeten Ergebnis, das heißt zu einer abschließenden Antwort kommen. In der Einleitung greifst du das Thema mit der Fragestellung auf und formulierst dabei die beiden gegensätzlichen Positionen. Den Hauptteil gliederst du in einen Pro- und einen Kontra-Abschnitt mit jeweils zwei bis drei Argumenten, die du durch Beispiele anschaulich gestaltest. Am Schluss beantwortest du die Eingangsfrage, indem du das deiner Meinung nach stärkste Argument noch einmal zusammenfassend formulierst. Natürlich kannst du auch eine vermittelnde Stellung zwischen beiden Positionen einnehmen oder eine Forderung bzw. einen Appell formulieren.*

Einleitung
Thema

Immer mehr Schülerinnen und Schüler wollen ein Gastschuljahr im Ausland verbringen. Sie wollen eine Fremdsprache richtig gut lernen, sich von zu Hause abnabeln, ausländische Freunde gewinnen, Abwechslung in ihr Leben bringen. Aber verlieren sie damit nicht zu viel Zeit? Oder gleichen die gewonnenen Erfahrungen das verlorene Schuljahr im Heimatland wieder aus?

Fragestellung

Hauptteil
Argumente für ein Gastschuljahr:
Sprachkenntnisse

Wer in der Jugend eine längere Zeit im Ausland verbringt, lernt viel fürs Leben. Nicht nur, weil Fremdsprachenkenntnisse am besten durch den Gebrauch der Sprache erworben werden, sondern weil es fernab von zu Hause noch viel mehr zu lernen gibt als nur eine neue Sprache. „Andere Länder, andere Sitten“, so lautet ein Sprichwort, das mit vier Worten auf den Punkt bringt, was neben dem Spracherwerb meiner Ansicht nach das Hauptargument für ein Auslandsschuljahr ist. Denn wer Deutschland hinter sich lässt und beispielsweise ein Gastschuljahr bei einer Familie in den USA verbringt, taucht ein in eine andere Kultur. Diese betrifft das Schulsystem, die Ernährungsgewohnheiten, die Lebensbedingungen, die Moralvorstellungen und natürlich auch die Rituale in der Gastfamilie, die von den gewohnten Abläufen zu Hause vollkommen abweichen können. Sich mit all diesen Neuerungen zu arrangieren und sie anzunehmen, erfordert Mut und Anpassungsfähigkeit. Man kann nicht wie

Kennenlernen einer anderen Kultur

zu Hause schnell mal die Eltern bitten, bei der Lösung von Problemen behilflich zu sein. Wem es gelingt, ohne die gewohnte Unterstützung von Familie und Freunden im Ausland zurechtzukommen, der wird selbstständiger, stärkt sein Selbstvertrauen und wird auch im späteren Leben vor schwierigen Aufgaben nicht zurückschrecken. Überdies verhilft der Blick über den Tellerrand, der mit dem Auslandsaufenthalt zwangsläufig verbunden ist, zu einer erweiterten Sichtweise von Lebensmöglichkeiten: Außerhalb der eigenen begrenzten Welt leben die Menschen anders, haben andere Werte, andere Lebensziele, kurz: eine andere Mentalität. Diese zu respektieren und als gleichwertig mit den eigenen anzuerkennen ist ein wichtiger Effekt, der mit dem Aufenthalt im Ausland verbunden sein kann.

Stärkung des Selbstbewusstseins und -vertrauens

Respekt für andere Mentalitäten

Ein weiteres Argument für ein Auslandsschuljahr ist das Knüpfen von Kontakten, die einem auch später noch nützlich sein können. Zum einen ist es einfach schön, Freundinnen und Freunde im Ausland zu haben, die man besuchen kann, zum anderen können internationale freundschaftliche Verbindungen aus der Schulzeit später auch berufliche Vorteile bringen.

Knüpfen von Kontakten: private und berufliche Vorteile

Gegen ein Auslandsschuljahr spricht, dass man ein ganzes Jahr in seiner schulischen Laufbahn verliert. Den wenigsten gelingt es, nach der Rückkehr in ihrem alten Jahrgang gleich wieder Fuß zu fassen, sie müssen eine Klasse wiederholen. Selbst wenn man in seinem Auslandsjahr viel gelernt hat und die Fremdsprache gut beherrscht, fehlt ein großer Teil des für deutsche Schulabschlüsse notwendigen Lernstoffs.

Argumente gegen ein Gastschuljahr:
Verzögerung der Schullaufbahn

Manche Jugendliche merken zudem erst, wenn sie im Ausland angekommen sind, dass sie sich doch noch nicht reif genug fühlen, so lange von zu Hause weg zu sein. Sie haben Heimweh und brechen das Gastschuljahr vorzeitig ab. In solchen Fällen ist viel Geld und Vorbereitungszeit verschwendet worden.

Schüler*innen z. T. zu jung für Gastschuljahr

Ich denke jedoch, dass solche Fälle selten sind und bin der Meinung, dass sich ein Auslandsschuljahr in den meisten Fällen positiv auf die geistige und seelische Entwicklung von Jugendlichen auswirkt. Da aber für den Flug und Schul-

Schluss
Stellungnahme

gebühren viel Geld aufgewendet werden muss, bleibt diese Möglichkeit den meisten verschlossen. Um Fremdsprachen zu lernen und Verständnis für fremde Lebenskulturen zu verankern, sollte mithilfe von Stipendien jeder die Möglichkeit bekommen, ein Gastschuljahr im Ausland zu verbringen.

Forderung nach mehr Stipendien

b) ✎ ***Hinweis:*** *Obwohl es sich bei dieser Aufgabenstellung um einen* ***persönlichen Brief*** *handelt, musst du verschiedene formale Aspekte beachten. Dazu gehören Ort und Datum, Anrede und auch die Grußformel am Schluss. In der Einleitung nennst du den Grund für dein Schreiben. Im Hauptteil beschreibst du sinnliche Eindrücke der von dir gewählten Jahreszeit, also alles, was man hört, sieht, riecht, schmeckt und fühlt. Geeignete sprachliche Mittel für eine solche Beschreibung sind anschauliche Verben und Adjektive, Farben und bildhafte Vergleiche. In den Schlussteil des Briefes gehören vertraute, persönliche Worte, z. B. der Wunsch nach einem baldigen Wiedersehen. Mit der Grußformel und deiner Unterschrift wird der Brief beendet.*

Frostbeulen, 6. Januar 20xx

Ort, Datum

Liebe Anna,

Anrede

als du im August zu deinem Auslandsjahr nach Mittelamerika aufgebrochen bist, waren ich und die meisten anderen aus der Klasse schon ziemlich neidisch: Die große Reise, das fremde Land, das warme Klima. Auch jetzt noch, wenn wir deine kurzen Statements und Fotos sehen, die du auf Instagram postest, wünschen wir uns auch ein bisschen Regenwald und Tropenhitze. Nun hast du geschrieben, dass dir genau das ziemlich auf die Nerven geht: Es ist immer warm, selbst wenn es regnet. Dir fehlen die bunten Laubwälder im Herbst und der knackige Frost im Winter; es gibt keine wirklichen Jahreszeiten, wie du sie von zu Hause kennst. Also versuche ich mal, dir den Gefallen zu tun und zu beschreiben, wie es hier im Moment ist, wenn ich auch nicht verstehe, wie man so etwas vermissen kann.

Einleitung
Ausgangssituation

Schreibanlass: Anna vermisst Herbst und Winter

Seit Weihnachten haben wir hier wirklich Winter nach Vorschrift. Pünktlich zu Heiligabend rieselten Watteflöckchen vom Himmel, so sanft und zart, als hätten die kleinen Engel

Hauptteil
lebendige Beschreibung des Winters

da oben kurz mal ihre Flügel ausgeschüttelt. Das ging die ganze Nacht und den nächsten Tag so weiter, bis alles von einer dicken puderigen Schicht überdeckt war. Erinnerst du dich an das knirschende Geräusch, das die Stiefel beim Laufen im frischen Schnee machen? Oder an das Gefühl, wie die Hände langsam kalt werden, weil man auf jedem Gartenpfosten und auf jeder Windschutzscheibe einen möglichst makellosen Handabdruck hinterlassen will? Kennst du noch das eisblaue Leuchten der schneebedeckten Hügel, kurz bevor die Sonne untergeht? Und den unverwechselbaren Geschmack von auf der Zunge schmelzenden Schneekristallen?

Wachrufen von Erinnerungen

Der Zauber dieser ersten Winternacht hielt eine ganze Weile an, weil wegen der Feiertage kaum jemand unterwegs war, um die Weichheit und Stille zu stören. Und es schneite weiter, bis in den Januar hinein. Dann kam der Frost und konservierte die ganze Pracht. Die Nächte sind bitterkalt und sternenschön, tagsüber bricht sich das Sonnenlicht in den Eiszapfen, die als bizarre Girlanden Laternenpfähle und Dachrinnen schmücken. Wir haben noch Ferien, die Rodelhänge und Schlittschuhseen sind dicht bevölkert, in den Supermärkten gibt es einen Engpass bei Meisenknödeln und Sonnenblumenkernen. Am Montag fängt die Schule wieder an und wir hoffen alle, dass die Heizung über die Feiertage nicht schlapp gemacht hat.

Fortsetzung der Winterbeschreibung

Solche Probleme kennst du nicht, aber ich hoffe, ich habe dir mit diesem Brief trotzdem so viel Lust auf unseren deutschen Winter gemacht, dass du deinen Plan, möglicherweise länger in Costa Rica zu bleiben, nicht ernsthaft verfolgst.

Schluss
Hoffnung auf baldige Rückkehr der Freundin

Ich vermisse dich und freue mich auf ein Wiedersehen im Juni,

Grußformel

Deine allerbeste Freundin Lisa

Unterschrift

II.B: Sprachliche Richtigkeit

1. Welche Kräfte ein Lenkdrachen ~~entfallten~~ **entfalten**[1] kann, weiß jeder**,** **(fehlendes Komma)**[2] der schon einmal an stürmischen Tagen einen solchen Himmelsvogel hat steigen lassen. Der Niederländer Wubbo Ockels, Professor für Luft- und Raumfahrttechnik an der Universität Delft, will nun diese Kraft nutzen und den Windrädern am Boden mit Lenkdrachen in der Luft ~~Konkurenz~~ **Konkurrenz**[3] machen. Das ~~Prinnzip~~ **Prinzip**[4] der Energieerzeugung, ~~dass~~ **das**[5] mit dem eines Jo-Jos vergleichbar ist, hat er „Kite-Power" genannt. Dabei wird beim Auf- und ~~abwickeln~~ **Abwickeln**[6] des Zugseils, mit dem der Drachen aus Holland gelenkt wird, gleichzeitig ein Generator angetrieben. In einer Höhe von 500 Metern sei der Einsatz besonders ~~effektif~~ **effektiv**[7]**,** **(fehlendes Komma)**[8] da dort konstantere ~~Windströhme~~ **Windströme**[9] herrschten als in tieferen Luftschichten. Gegenüber herkömmlichen Windrädern seien diese fliegenden Kleinkraftwerke nicht nur unauffälliger**,** **(fehlendes Komma)**[10] billiger und leiser, sondern hätten auch eine höhere ~~Energieausbäute~~ **Energieausbeute**[11], so der Professor. Ganze Drachenschwärme will der ~~niederländer~~ **Niederländer**[12] zukünftig steigen lassen, um auf diese Weise möglichst viel Strom zu erzeugen.

Hinweis: ***1)*** *Folgen auf einen kurz gesprochenen Vokal zwei verschiedene Konsonanten (hier: l und t), schreibt man keinen Doppelkonsonanten.* ***2)*** *Komma vor dem Relativsatz, eingeleitet durch das Relativpronomen „der" und erkennbar am finiten Verb am Satzende;* ***3)*** *„Konkurrenz" ist ein Fremdwort. Sieh die Schreibung im Wörterbuch nach, wenn du dir unsicher bist.* ***4)*** *Auch „Prinzip" ist ein Fremdwort, das du im Wörterbuch nachschlagen kannst. Dass das „n" in der Wortmitte nicht verdoppelt wird, kannst du auch hier wieder aus der Regel ableiten, dass man keinen Doppelkonsonanten schreibt, wenn auf einen kurz gesprochenen Vokal zwei verschiedene Konsonanten (hier: n und z) folgen.* ***5)*** *„Das" bezieht sich hier auf das Subjekt „Prinzip der Energieerzeugung" und hat daher die Funktion eines Relativpronomens, welches mit einfachem „s" geschrieben wird.* ***6)*** *Die Verben „aufwickeln" bzw. „abwickeln" wurden hier nominalisiert, was du an dem „versteckten" Artikel (beim = bei dem) erkennen kannst. Auch wenn hier ein Wortbestandteil weggelassen und durch einen Bindestrich ersetzt wurde, um die Wortwiederholung zu vermeiden, musst du nach dem eingeschobenen „und" großschreiben, da es sich um zwei verschiedene Nomen handelt. Ersetze zur Probe den Bindestrich: „beim Aufwickeln und Abwickeln".* ***7)*** *„Effektiv" ist ein Fremdwort. Schlage im Wörterbuch nach. Du kannst die korrekte Schreibweise auch von der Regel ableiten, dass es im Deutschen keine Adjektive gibt, die auf „if" enden. Immer wenn du diese Konsonan-*

tenfolge am Wortende hörst, musst du „iv" schreiben (z. B. aktiv, impulsiv etc.). ***8)*** *„Da" ist hier eine Konjunktion; sie leitet einen kausalen Nebensatz ein.* ***9)*** *Bilde zunächst die Grundform (hier: Einzahl): Windstrom → Windströme. Wenn du dir dann immer noch unsicher bist, sieh im Wörterbuch nach. Das Wort „Strom" ist eine der Ausnahmen, bei denen nach dem lang gesprochenen Vokal kein Dehnungs-h steht, obwohl ein „m" als Konsonant folgt. Erinnere dich: Bei den meisten Wörtern, bei denen auf den lang gesprochenen Vokal ein l, m, n, oder r folgt, schreibt man ein Dehnungs-h.* ***10)*** *Kommasetzung zur Kennzeichnung von Aufzählungen;* ***11)*** *Überlege dir, ob der Wortstamm oder ein verwandtes Wort mit „au" geschrieben wird. Das ist hier nicht der Fall, daher schreibt man „eu".* ***12)*** *„Niederländer" ist ein Nomen, erkennbar an dem Artikel „der".*

2. a) Im Sommer treffen sich die Jugendlichen jeden [abend] an der Anglerhütte.

   Hinweis: *„(der) Abend" ist ein Nomen → Großschreibung; hier auch erkennbar am vorangehenden Nomenbegleiter „jeden" (Indefinitpronomen)*

   e) Dann kommen nämlich die Vereinsmitglieder bis zum frühen Sonntagmorgen zum [angeln].

   Hinweis: *„Angeln" ist hier ein Nomen (vorangestellter Artikel: zum = zu dem) → Großschreibung.*

   g) Dafür ist [Wochentags] die Umgebung des Sees wie ausgestorben.

   Hinweis: *Ebenso wie „montags" oder „samstags" ist „wochentags" ein Adverb, das du kleinschreiben musst.*

   i) Für das Legen eines Stromanschlusses wollte der Verein keine [Finanzielle] Anstrengung unternehmen.

   Hinweis: *„finanziell" ist ein Adjektiv → Kleinschreibung*

3. Nach Beendigung **seines Auslandsschuljahres** (*oder:* Auslandsschuljah<u>rs</u>)[1] in Brasilien hatte Moritz viel zu erzählen. Alle wollten wissen, was er in **dem südamerikanischen Land**[2] erlebt hatte. Immer wieder baten sie ihn darum, von **dieser aufregenden Zeit**[3] zu erzählen. Sie hatten romantische Vorstellungen von **wilden Partys**[4] vor **tropischen Sonnenuntergängen**[5]. Doch leider handelten die Berichte **ihres weit gereisten Mitschülers**[6] hauptsächlich von **seinem langweiligen und stressigen Schulalltag**[7]. Trotzdem wünschten sich alle, auch einmal in **ein fernes Land**[8] reisen zu können.

   Hinweis: ***1)*** *Genitiv,* ***2)–5)*** *Dativ,* ***6)*** *Genitiv,* ***7)*** *Dativ,* ***8)*** *Akkusativ*

4.

Satz	**Zeitform**
Tom **hatte verschlafen**.	Plusquamperfekt
Auf dem Tisch **lag** sein Frühstücksbrot.	Präteritum
„Mum **wird** es doch hoffentlich mit Käse **belegt haben**!“, dachte er.	Futur II
„Schön, dass du auch da **bist**“, begrüßte ihn in der Schule seine Klassenlehrerin.	Präsens
„Wir **haben** schon mal ohne dich **angefangen**. Das stört dich doch hoffentlich nicht?“	Perfekt
„Wie peinlich! Ich **werde** nie wieder zu spät **kommen**“, dachte Tom bei sich.	Futur I

Hinweis: Satz 1: *Zusammengesetzte Zeitform: Hilfsverb „haben“ im Präteritum + Partizip Perfekt des Vollverbs (verschlafen);* ***Satz 2:*** *Einfache Zeitform: Vollverb (legen) im Präteritum;* ***Satz 3:*** *Zusammengesetzte Zeitform: Hilfsverb „sein“ im Futur I + Partizip Perfekt des Vollverbs (belegen) + Hilfsverb „haben“ im Infinitiv;* ***Satz 4:*** *Einfache Zeitform: Vollverb (sein) im Präsens;* ***Satz 5:*** *Zusammengesetzte Zeitform: Hilfsverb „haben“ im Präsens + Partizip Perfekt des Vollverbs (anfangen);* ***Satz 6:*** *Zusammengesetzte Zeitform: Hilfsverb „werden“ im Präsens + Infinitiv des Vollverbs (kommen)*

Abschlussprüfung Deutsch an Realschulen in Hessen
Übungsaufgabe 3

Teil I: Lesen

1. a) ☒ mit einer Straßenbahn.

   ✎ ***Hinweis:*** *vgl. Z. 4 f., Z. 27*

   b) ☒ fahren zum Schulheim in Laurich.

   ✎ ***Hinweis:*** *vgl. Z. 33 f.*

   c) ☒ versucht ein Fahrradfahrer, sie einzuholen.

   ✎ ***Hinweis:*** *vgl. Z. 57–60*

   d) ☒ eine Gruppe Kinder, die schreiend durcheinander rennt.

   ✎ ***Hinweis:*** *vgl. Z. 84–86*

2. a) ☒ der Vater enttäuscht von der Reaktion des Sohnes ist.

   ✎ ***Hinweis:*** *Der Vater ist enttäuscht, weil der Sohn durch seine einsilbige Antwort signalisiert, dass er sich nicht auf das Gespräch einlassen möchte. Einige Zeilen später wird das noch deutlicher: „Mit gekränkter Stimme sagte der Vater […].“ (Z. 51)*

   b) ☒ das Kind mit den Tränen kämpft und alles verschwommen sieht.

   ✎ ***Hinweis:*** *In den Zeilen 46–48 wird gesagt, dass die Augen des Kindes nass werden, d. h., es hat Tränen in den Augen.*

   c) ☒ die Liebe der Mutter kostbarer ist als alles andere.

   ✎ ***Hinweis:*** *Der Vater möchte mit diesem Satz ausdrücken, dass materielle Dinge ersetzbar und damit weniger wert sind als Gefühle, in diesem Fall die Liebe der Mutter.*

   d) ☒ der Junge traurige Gedanken mit schönen Erinnerungen vertreiben soll.

   ✎ ***Hinweis:*** *Der Vater weiß, dass sein Sohn traurige Gedanken hat, und möchte ihm mit diesem Ratschlag eine Möglichkeit zeigen, positiv in die Zukunft zu schauen.*

3. a) [X] Nur B und C stehen im Text.

*✎ **Hinweis: B:** Vgl. Z. 30 f.; **C:** Vgl. Z. 38–40; **Aussage A** trifft nicht zu (vgl. Z. 1), auch die **Aussage D** ist falsch (vgl. Z. 34–37).*

b) [X] Nur A und C stehen im Text.

*✎ **Hinweis: A:** Vgl. Z. 117 f.; **C:** Vgl. Z. 42 f., Z. 67; Die **Aussagen B** und **D** treffen nicht zu (vgl. Z. 34–37 bzw. Z. 79–82).*

c) [X] Nur A und D stehen im Text.

*✎ **Hinweis: A:** Vgl. Z. 16 f., Z. 93 f.; **D:** Vgl. Z. 130–132. **Aussage B** (vgl. Z. 103) und **C** sind falsch (vgl. Z. 94 f.).*

4. *✎ **Hinweis:** Schreibe die Textsortenmerkmale in Stichpunkten auf und achte darauf, sie mit passenden Textstellen zu belegen. Als Belege gelten Zitate, Zeilenangaben, Verweise auf Textabschnitte oder Umschreibungen in eigenen Worten.*

Mögliche Lösungen (vier erforderlich):

- Offener Anfang (Z. 1 ff.): Die Geschichte beginnt unvermittelt mit einer Äußerung des Vaters, ohne dass man zuvor mit einer Einleitung etwas über die Hintergründe (Ort, Zeit, Personen) der Situation erfährt.
- Kurzer Zeitraum der Handlung: Die erzählte Zeit umfasst ungefähr eine halbe Stunde (vgl. Z. 1).
- Wenige handelnde Hauptfiguren: Vater und Sohn
- Wenige Handlungsorte (hintere Plattform der Straßenbahn, Fußweg zum Schulheim)
- Innere Handlung: Die Gefühle und Gedanken der handelnden Figuren werden nicht direkt beschrieben, sondern durch ihr Verhalten deutlich.

  *✎ **Hinweis:** So wird z. B. nicht ausdrücklich gesagt, dass und warum der Junge traurig ist. Da er aber immer wieder die Tränen unterdrücken muss (vgl. Z. 46–48, Z. 95–98), wird seine niedergeschlagene Stimmung deutlich. Nur indirekt lässt sich durch die Äußerungen des Vaters („Vergiss nicht, wie lieb sie dich hatte […]“, Z. 53 f.) erschließen, dass die Mutter gestorben ist.*
- Geradlinige Erzählweise: Es gibt keine Vor- oder Rückblenden und auch keine Nebenhandlungen.
- Wendepunkt am Ende: Der Sohn erkennt am Ende, dass auch sein Vater Mitleid und Anteilnahme benötigt (vgl. Z. 130–132).
- Offener Schluss: Es bleibt offen, in welcher Weise sich die Einstellung des Jungen bzw. sein Verhalten gegenüber seinem Vater ändern.

5.

Zitat	**Sprachliches Mittel**
„und Gratte sah nur noch wie ein […] dunkler Pickel aus" (Z. 28 f.)	D
„Und vergiss nicht die Liebe deiner Mutter. Sie ist dein wertvollster Besitz." (Z. 51–53)	B
„aus dem die Zunge sich plötzlich listig reckte" (Z. 64)	C
„allmählich Spaß am Sport" (Z. 80)	A

***Hinweis:** Vergleiche (D) dienen der Veranschaulichung und sind erkennbar an den Verbindungswörtern „wie" und „als ob". Bei **Metaphern (B)** werden zwei Begriffe gleichgesetzt, die eigentlich nichts miteinander zu tun haben. Bei diesem Beispiel ist es ein Gefühl (Liebe), das wie ein Gegenstand (wertvoller Besitz) dargestellt wird. Werden leblosen Dingen Eigenschaften oder Fähigkeiten zugesprochen, die eigentlich nur Menschen haben können, bezeichnet man dies als **Personifikation (C)**. Von einer **Alliteration (A)** spricht man, wenn zwei oder mehr aufeinanderfolgende Wörter den gleichen Anlaut haben.*

6. ***Hinweis:** „Zitieren" bedeutet, die passenden Textstellen fehlerfrei abzuschreiben und am Anfang und am Ende mit Anführungsstrichen zu versehen. Enthält das Zitat eine wörtliche Rede, wird diese mit einfachen Anführungszeichen wiedergegeben (‚…'). Wichtig ist, die genauen Zeilenzahlen der Textstelle zu nennen, die zitiert wird. Fehlt dieser Hinweis in Form von Zeilenzahlen, gibt es Punktabzug! Eine Erklärung oder ein Kommentar zur Textstelle werden beim Zitieren nicht erwartet.*

Z. 46–48: „Das Kind merkte mit einer geheimen Erregung, dass seine Augen jetzt schon wieder nass wurden;"

Z. 95 f.: „Von Neuem schwoll das Nasse in seinen Augen […]."

7. ***Hinweis:** Beim Erklären sollen Zusammenhänge und Sachverhalte verständlich dargestellt werden: Was ist eine Ellipse? (1 Pkt.) Warum wird dieses Stilmittel hier eingesetzt? (2 Pkt.) Nur wenn beide Teile der Aufgabe gelöst sind, gibt es drei Punkte.*

Als Ellipse wird ein Satz bezeichnet, der durch das Fehlen von Satzteilen (meist Subjekt, Prädikat) unvollständig ist. Oft sind solche Sätze Ausdruck besonders starker Emotionen, z. B. Angst oder Freude.

Durch das Sprechen in verkürzten Sätzen wird die innere Anspannung des Vaters deutlich. Er versucht, seinem Sohn die Situation „schönzureden“, unter der er selbst leidet.

8. ***Hinweis:** Beim textbezogenen „Erläutern“ musst du wichtige Aussagen und Zusammenhänge aus dem Text ableiten und mithilfe von Beispielen (Zitate, Umschreibungen) nachvollziehbar darlegen. Damit sollst du zeigen, dass du den Inhalt des Textes nicht nur verstanden hast, sondern ihn auch bezüglich der vorgegebenen Fragestellung interpretieren kannst. Für die vollen sechs Punkte müssen zwei unterschiedliche Wahrnehmungen erläutert werden.*

Mögliche Lösungen:

- Z. 18–24: „‚Wie im Aussichtswagen. Lauter lustige Dinge‘, sagte der Vater. ‚[…] Schön, wir fahren eine Bahn später. Die hübschen Mannequins, weißt du’s noch?‘“ Der Vater beschreibt den Aufenthalt in Gratte wie einen erlebnisreichen Schaufensterbummel. Wenig später heißt es über den gleichen Ort: „[…] und Gratte sah nur noch wie ein dicker dunkler Pickel aus.“ (Z. 28 f.) Daraus lässt sich ableiten, dass der Junge den Besuch in Gratte im Gegensatz zu der Darstellung seines Vaters als abstoßend empfunden hat.
- Z. 29–32: „Dann Bäume, die meisten noch kahl, […] gekrümmte nackte Kiefernstämme in sandigen Kahlschlägen.“ Die Straßenbahn fährt durch einen Wald, der durch die gewählten Adjektive noch nicht einmal zum Spazierengehen einlädt und schon gar nicht zu den Kinderabenteuern („Schnitzelversteck […], Räuberspiele, Waldlauf“, Z. 36 f.), die der Vater sich angesichts der Bäume vorstellt.
- Z. 38–42: „Ein fetter Junge […]. Sein schwitzendes bläuliches Gesicht war vom Ehrgeiz verunstaltet, die farblose dicke Zunge lag schlaff auf der Unterlippe.“ Die abwertende Beschreibung des Jungen auf dem Fahrrad, der hinter der Straßenbahn herhetzt, spiegelt die Sicht des Sohnes. Im Gegensatz dazu steht der Kommentar des Vaters, der den fremden Jungen und seinen sportlichen Ehrgeiz positiv bewertet („Seine Stimme war stolz und fast zärtlich“, Z. 61 f.) und ihn darüber hinaus als möglichen zukünftigen Schulkameraden seines Sohnes bezeichnet („Dann würdest du schon einen kennen“, Z. 70 f.).
- Bei der Ankunft in Laurich empfindet der Vater die äußere Ansicht der Schule als „freundlich“ und „nett“ (Z. 77 f.). In der Wahrnehmung des Jun-

gen wirkt die Schule jedoch eher wie ein Gefängnis („Ein hoher Drahtzaun umschloss den Platz“, Z. 83) und das Ballspiel der Kinder in hohem Maße abschreckend („Eine Horde von Kindern […] rannte und stieß und schrie planlos durcheinander“, Z. 84–86). Gesteigert wird diese negative Wahrnehmung durch den Vergleich des Balls mit einem „kranken Vogel“ (Z. 88).

9. ***Hinweis:*** *Dass zwischen den beiden Hauptfiguren der Geschichte keine innige Vater-Sohn-Beziehung besteht, wird durch das abweisende Verhalten des Jungen und seine spärlichen Antworten deutlich. Anhand einer selbst gewählten Textstelle sollst du darstellen, wie diese Fremdheit zwischen den beiden deutlich wird. Für eine Erklärung mit passendem Textverweis gibt es drei Punkte, fehlt die Textstelle, werden zwei Punkte vergeben. Für einen Textbeleg ohne Erklärung gibt es keinen Punkt.*

Mögliche Lösungen:
- Z. 25: „‚Ja‘, sagte das Kind.“; Z. 44: „‚Ich weiß nicht‘, sagte das Kind.“; Z. 122: „‚Ja‘, sagte das Kind.“ Der Vater spricht seinen Sohn immer wieder an und versucht, ihn zu einem Gespräch zu ermuntern. Der Junge bleibt jedoch einsilbig und geht nicht auf die Gesprächsangebote ein. Er teilt seinem Vater auch nicht mit, dass er traurig ist.
- Z. 53–56: „Vergiss nicht, wie lieb sie dich hatte, und handle danach. […] Ich hoffe sehr, du kannst das behalten.“ Hier wird deutlich, dass der Vater nicht weiß, was der Junge denkt, und sich auch nicht sicher ist, wie eng er sich mit seinen Eltern verbunden fühlt. Eindringlich mahnt er ihn, die Liebe seiner Mutter nicht zu vergessen. Dass auch er seinen Sohn liebt, erwähnt er hingegen nicht. Auch traut er dem Jungen offenbar noch nicht einmal zu, dass er sich diese Ermahnungen merken kann.
- Z. 79–81: „Ich hoffe sehr, du wirst hier allmählich Spaß am Sport bekommen. Richtige Muskeln, weißt du.“ Mit der deutlichen Anspielung auf die fehlenden „richtigen Muskeln“ seines Sohnes drückt der Vater aus, dass er nicht zufrieden mit ihm ist und sich wünscht, dass er sportlicher wäre.
- Z. 93–95: „Durch die Handschuhwolle spürte das Kind den Wärmestrom. Es hatte Lust, den Handschuh auszuziehen, aber es regte seine Finger nicht.“ Als der Vater bei der Ankunft am Schulheim sein Kind an die Hand nimmt, spürt das Kind die Körperwärme des Vaters und sehnt sich offenbar danach, ihm durch direkten Kontakt noch näher zu sein. Der Junge traut sich jedoch nicht, den Handschuh auszuziehen.

10. *Hinweis: Bei dieser Aufgabe sollen bestimmte Inhalte im Text erkannt und wiedergegeben werden, die dort nicht ausdrücklich formuliert sind. Du musst hier also ein bisschen „zwischen den Zeilen" lesen und den Text noch einmal daraufhin überprüfen, welche Textstellen auf den emotionalen Zustand des Vaters hinweisen und warum er, genauso wie sein Sohn, Grund hat, traurig zu sein. Die meiste Zeit scheint es ja so, als ob er gut gelaunt sei.*

– Der Grund für die Fahrt ins Internat ist offenbar der Tod der Mutter bzw. der Ehefrau. Das erkennt man daran, dass der Vater in der Vergangenheitsform von der Liebe der Mutter zum gemeinsamen Sohn spricht: „Vergiss nicht, wie lieb sie dich hatte […]." (Z. 53 f.); „All das Schöne und Liebe, das deine Mutter und ich dir zu geben versucht haben." (Z. 114 f.) Der Vater verdient Mitleid, weil seine Frau gestorben ist.
– Vermutlich bringt der Vater seinen Sohn ins Internat, weil er nach dem Tod seiner Frau keine andere Betreuungsmöglichkeit hat. Um seinem Sohn die bevorstehende Trennung zu erleichtern und sowohl ihn als auch sich selbst aufzumuntern, versucht er die Fahrt und die neue Umgebung so positiv wie möglich zu beschreiben. Die wiederholte Aufforderung am Ende der Geschichte „denk […] an heut Nachmittag" (Z. 116 f., Z. 118 f.) klingt wie eine Beschwörung, verstärkt durch das zweimal nachgeschobene „hörst du?" in den Zeilen 119 und 121. Es scheint, als ob der Vater nicht nur seinem Sohn, sondern auch sich selbst die Situation „schönreden" möchte. Weil damit deutlich wird, dass er unter der Trennung von seinem Sohn leidet, verdient er Mitgefühl.

Teil II: Schreiben

II.A Textproduktion (Wahlaufgabe)

a) ***Hinweis:*** *Bei dieser Aufgabe wird von dir erwartet, dass du dich in die Situation des Jungen auf der Fahrt und im Schulheim hineinversetzt. Da er sich selbst in der Kurzgeschichte nicht zu seinen Wahrnehmungen und Beobachtungen äußert, musst du diese indirekt aus dem Text erschließen. Du kannst dafür auf die Ergebnisse der vorangegangenen Aufgaben zurückgreifen. In deiner Geschichte soll außerdem deutlich werden, wie der Junge seinen Vater beurteilt und wie er zu ihm steht. Auch hier musst du deine Erkenntnisse aus dem Verhalten des Jungen während der Fahrt und seinen Reaktionen auf die Äußerungen des Vaters ableiten. In der* ***Einleitung*** *deiner Erzählung sollte die Ausgangssituation, in der sich der Junge befindet, kurz beschrieben werden. Im* ***Hauptteil*** *schilderst du die Wahrnehmungen und Beobachtungen auf der Fahrt aus der Sicht des Jungen und machst deutlich, wie er das Verhalten seines Vaters bewertet. Im* ***Schlussteil*** *sollte die veränderte Einstellung des Jungen, wie sie im letzten Satz angedeutet wird, erkennbar sein und du kannst einen Ausblick auf die Zukunft geben.*
Wichtig ist, dass du in deinem Text den Wechsel der Perspektive beachtest, also durchgängig aus der Sicht des Jungen erzählst. Ob du in der Ich-Form schreibst oder eine personale Er-Perspektive wählst, bleibt dir überlassen. In jedem Fall sollte der Handlungsablauf aus dem Originaltext als „roter Faden" in deiner Erzählung erkennbar sein. Besonders, wenn du aus der personalen Er-Perspektive schreibst, ist es sinnvoll, den Figuren Namen zu geben. Denke dir auch eine passende Überschrift für deine Geschichte aus.
Achte bei Satzbau und Wortwahl darauf, Wiederholungen zu vermeiden, damit dein Text nicht zu eintönig wird. Mit der Verwendung anschaulicher Verben, Adjektive und passender Vergleiche wird die Haltung des Jungen deutlich. Die Beschreibung der vorangegangenen Handlung, d. h. die Fahrt und die Ankunft im Schulheim, erfolgt in den Zeitformen der Vergangenheit, für gegenwärtige Gedanken des Jungen verwendest du das Präsens, z. B.: Ich fühle mich hier fremd und einsam.

Fahrt in ein anderes Leben

Überschrift

Einleitung
Ausgangssituation
Empfindungen angesichts des Schulheimeintritts

Nur eine halbe Stunde Fahrt und alles ist anders. Nie hätte ich gedacht, dass es so weit kommt und ich wirklich hier landen würde. Bis zuletzt habe ich geglaubt und gehofft, dass er es sich noch anders überlegt, dass wir umkehren und wieder nach Hause fahren und alles so wird wie früher, nur eben ohne Mama. Ich wollte nicht hierher, ich finde es schrecklich und ich weiß, dass ich es immer schrecklich finden werde: Die vielen anderen Jungen, die langen düsteren Gänge, die Schlafsäle, der Krach, nichts ist wie zu Hause. Ich fühle mich hier fremd und einsam.

Hauptteil
Erinnerung an den vergeblichen Versuch des Vaters, ihn aufzumuntern
Wahrnehmung des Wegs ins Internat

Die ganze Fahrt lang hat Papa so getan, als wäre es was Tolles, ins Internat zu gehen, schon dahin fahren zu dürfen – dabei war es nur eiskalt auf der Plattform der Straßenbahn und mir ist schlecht geworden von dem Geschaukel. In den Schaufenstern in diesem miesen kleinen Kuhkaff Gratte waren Klamotten zu sehen, die aussahen, als kämen sie aus der Altkleidertonne, und der Wald, durch den wir anschließend fuhren, hatte mehr tote Bäume als lebendige. Schnitzeljagd, Waldlauf und anderes kindisches Zeug, das mir Papa voller Begeisterung in Aussicht gestellt hat, kann man dort sowieso nicht machen. Die Krönung war dann dieses bekloppte dicke Monster, das mit sabbernder Zunge versucht hat, mit seinem Fahrrad die Bahn einzuholen, und dem vor Anstrengung fast der Kopf explodiert wäre. Das könnte ein zukünftiger Kumpel werden, hat Papa doch tatsächlich gemeint und ernsthaft gedacht, ich freue mich darüber. Ich glaube, er kennt mich gar nicht richtig.

Wahrnehmung des Internats und dadurch ausgelöste Gefühle

Das Internat selbst war auch eine Enttäuschung. Im Prospekt sah es gar nicht so übel aus, aber bei der Ankunft dachte ich nur: Knast! Alles sah aus wie eingesperrt. Auf dem Sportplatz tobte schreiend und völlig planlos eine Horde Kinder, die mit dem Ball umgingen, als wollten sie ihn zu Kleinholz machen. Ich wünschte mir, dieser Ball zu sein, ich könnte mich hinaufschießen lassen, immer weiter fliegen und niemals zurückkommen in diese Schule, in der ich mich fühle wie lebendig begraben.

Dass Papa mir ständig die Ohren vollgequatscht hat, ich dürfe niemals vergessen, wie es war mit Mama, wie sehr sie mich geliebt hat, was für eine tolle Familie wir waren und so weiter, hat es auch nicht gerade leichter gemacht.

Gedanken an die Mutter

Wie es wohl für ihn ist, dass er jetzt ohne sie klarkommen muss? Sicher vermisst er Mama genauso wie ich. Wahrscheinlich hat er deshalb die ganze Zeit so getan, als ob alles superschön wäre und er mich geradezu darum beneidet, dass ich in dieses Internat gehen „darf".

Beschäftigung mit den Gefühlen des Vaters

Ich weiß ja, dass es ihm leidtut, dass er mich hierher bringen musste; und ich glaube, er ist auch zu bedauern und fühlt sich genauso elend wie ich. So traurig und allein wie vorhin, als er mich zum Abschied ganz fest in die Arme genommen hat, habe ich ihn noch nie erlebt. Aber trotzdem: Es muss doch einen anderen Weg für uns geben als dieses schreckliche Internat. Ich werde mich nicht damit abfinden, dass ich nach Mamas Tod auch noch von Papa getrennt werde. Ich werde alles versuchen, um hier wieder wegzukommen.

Schlussteil

Erkenntnis, dass auch für den Vater die Situation belastend ist

Ausblick auf die Zukunft

b) ***Hinweis:*** *Bei dieser Aufgabe sollen die Vor- und Nachteile des Internatsbesuches im Vergleich zu einer staatlichen Schule aufgeführt werden. Es empfiehlt sich, zunächst eine Pro- und Kontra-Tabelle mit den Argumenten anzulegen und diese zu gewichten.*
In der ***Einleitung*** *könntest du z. B. auf die Zahlen in der Aufgabenstellung zurückgreifen und mit der Erörterungsfrage zum Hauptteil überleiten. Wenn du eigene Erfahrungen zum Thema hast, z. B. aus deinem Freundeskreis, kannst du diese natürlich auch für deinen Text verwenden.*
Im ***Hauptteil*** *werden die Argumente für und gegen einen Internatsbesuch aufgeführt und mit anschaulichen Beispielen gestützt. Es sollten jeweils zwei bis drei Argumente für die Pro- und Kontra-Seite dargestellt werden. Entscheidest du dich dabei für das Sanduhrprinzip, werden zunächst die Argumente der Gegenseite von stark nach schwach dargestellt. Anschließend formulierst du die Argumentation, die deine eigene Haltung widerspiegelt, in aufsteigender Form von schwach nach stark. Eine andere Möglichkeit des Argumentationsaufbaus ist das Ping-Pong-Prinzip: Dabei wird jeweils einem Pro-Argument ein passendes Kontra-Argument gegenübergestellt. In diesem Fall beginnst du mit dem schwächsten Argument der Gegenseite und endest mit dem, welches für dich am überzeugendsten ist.*

*Im **Schlussteil** legst du deine persönliche Meinung zu der Erörterungsfrage offen und bekräftigst sie z. B. mit dem für dich überzeugendsten Argument aus dem Hauptteil.*

Vorteile (absteigende Argumentation)	**Nachteile** (aufsteigende Argumentation)
kleine Lerngruppen / hohe Unterrichtsqualität	hohe Kosten
intensiver Kontakt mit Gleichaltrigen / Familienersatz	wenig Privatsphäre
keine lange Anfahrt zur Schule	kein Familienleben / kein Freundeskreis am Heimatort

Nicht daheim und trotzdem zuhause? Die Vor- und Nachteile der schulischen Ausbildung im Internat

Überschrift

Es gibt mehr als 200 Internate in Deutschland, die von ca. 14 000 Schülerinnen und Schülern besucht werden. Diese Zahlen zeigen, dass Internate eine beliebte Alternative zur staatlichen Schule sind.

Einleitung
Zahl der Internate / Internatsschüler*innen in Deutschland

Doch welche Vor- und Nachteile hat es, statt einer öffentlichen Schule ein Internat zu besuchen?

Überleitung: Fragestellung

Ein Vorteil ist, dass Internate es sich leisten können, kleine Lerngruppen zu bilden. An unserer Schule sind, wie bei den meisten öffentlichen Schulen, Klassen mit dreißig Schülerinnen und Schülern keine Seltenheit. Das führt in der Regel zu einer unruhigen Lernumgebung und begrenzt die Zeit, die die Lehrkräfte für die Probleme und Anliegen einzelner Schüler*innen aufwenden können. Sind die Lerngruppen hingegen klein, ist eine individuelle Förderung innerhalb einer Klasse möglich, die Lernatmosphäre ist ruhiger und damit steigen Unterrichtsqualität und Lernerfolg.

Vorteile des Internatsbesuchs

1. Argument: kleine Lerngruppen / hohe Unterrichtsqualität

Ein weiterer Pluspunkt für das Internat ist der intensive Kontakt mit Gleichaltrigen. Im Internat ist man ja nicht nur während des Unterrichts zusammen, sondern nimmt auch gemeinsam die Mahlzeiten ein, verbringt die Freizeit miteinander und wohnt auch mit den Klassenkameraden und

2. Argument: intensiver Kontakt mit Gleichaltrigen auch außerhalb des Unterrichts (Freizeitgestaltung, „Familienersatz“)

Klassenkameradinnen in der gleichen Unterkunft, mit Einzelnen von ihnen möglicherweise sogar in demselben Zimmer. Dadurch können intensive Freundschaften entstehen und das Fehlen der Familie kann aufgefangen werden. Viele Jugendliche an staatlichen Schulen, besonders wenn sie wie ich auf dem Land leben, sind auf öffentliche Verkehrsmittel oder das Elterntaxi angewiesen, wenn sie sich mit Freunden aus anderen Orten treffen wollen.

Für den Internatsbesuch spricht außerdem, dass der lange Anfahrtsweg zur Schule entfällt. Internatsschüler*innen sind in der Regel in unmittelbarer Nähe ihrer Schule oder sogar auf demselben Gelände oder in demselben Gebäude untergebracht. Viele meiner Klassenkameradinnen und -kameraden und ich verschwenden hingegen eine Menge Zeit mit Warten auf den Bus oder die Bahn, die zudem häufig verspätet sind oder sogar ausfallen. Wir müssen sehr früh aufstehen, um rechtzeitig an der Haltestelle zu sein, und kommen an vielen Tagen erst am späten Nachmittag nach Hause, weil die Abfahrtszeiten nicht zum Stundenplan passen.

3. Argument: keine lange Anfahrt zur Schule

Trotz dieser Vorteile gibt es jedoch auch Argumente gegen einen Internatsbesuch.

Überleitung zu den **Nachteilen**

Gegen das Internat sprechen die hohen Kosten, die damit verbunden sind. Da Internate im Gegensatz zu öffentlichen Schulen privat geführt werden, finanzieren sie sich über Schulgebühren. Außer den Kosten für den Unterricht müssen die Lernmittel wie Schulbücher und Laptop, Unterkunft und Verpflegung sowie die Freizeitaktivitäten wie z. B. zusätzliche Sportangebote und Ausflüge bezahlt werden. Die meisten Familien können sich die monatlichen Internatsgebühren nicht leisten. Ein früherer Klassenkamerad von mir, mit dem ich jetzt noch auf Instagram Kontakt halte, ist auf einem evangelischen Internat in der Nähe von Potsdam, für das seine Eltern monatlich 1400 Euro aufbringen müssen. Die Fahrtkosten für seine Besuche zu Hause alle vier Wochen sind darin noch nicht enthalten.

1. Argument: hohe Kosten

Ein weiterer Nachteil ist das Fehlen von Privatsphäre. Man hat immer die Mitglieder der Lerngruppe oder die Mitbewohner*innen des Flurs bzw. des Zimmers um sich und we-

2. Argument: wenig Privatsphäre / fehlende Rückzugsmöglichkeiten

nig Gelegenheit, sich zurückzuziehen. Mein Freund in Potsdam hat mir seinen Stundenplan gezeigt, der mit Unterricht, Arbeitsgruppen und Sportstunden ausgefüllt ist und fast kein Zeitfenster für persönliche Interessen hat. Mit seinem Zimmergenossen versteht er sich zwar gut, dennoch hätte er lieber wie zu Hause ein eigenes Zimmer, in das er sich zurückziehen kann und das er mit niemandem teilen muss.

3. Argument: Familienleben leidet / kein Freundeskreis am Heimatort

Das wichtigste Argument gegen den Internatsbesuch ist für mich jedoch die Entfernung von der Familie und dem Freundeskreis am Heimatort. Nur für die Jugendlichen, die keine intakte Familie haben, kann das Umfeld aus Lehrkräften und Vertrauenspersonen im Internat ein Ersatz für das Leben mit Eltern und Geschwistern sein. Zusätzlich leiden die sozialen Kontakte zu Hause. Wer nur am Wochenende und in den Ferien nach Hause fährt, hat weniger Möglichkeiten, Freundschaften im Heimatort zu schließen und zu pflegen, sei es in der Schule, in Vereinen oder in Jugendgruppen. Nach Beendigung der Schulzeit muss dann oft erst wieder ein neuer Freundeskreis aufgebaut werden. Die im Internat geknüpften Freundschaften sind mit dem sozialen Umfeld am Heimatort nicht zu vergleichen, denn in den Ferien und nach der Schulzeit kehren die Internatsschüler*innen an ihre verschiedenen Heimatorte zurück.

Fazit
eigene Meinung, Verstärkung des wichtigsten Arguments

Ob ein Internatsbesuch sinnvoll ist, hängt natürlich stark von der individuellen Situation und auch von den finanziellen Möglichkeiten jeder Familie ab und ist immer eine sehr persönliche Entscheidung. Für mich käme ein Internatsbesuch nicht infrage, weil mir sowohl der tägliche Kontakt mit meiner Familie als auch der Austausch mit meinen unterschiedlichen Freundeskreisen aus der Schule, der Feuerwehr und dem Sportverein sehr viel bedeuten.

II.B Sprachliche Richtigkeit

1. Weiße Haie gelten als die Könige der Weltmeere. Doch Forscher haben nun ~~erstaund~~ **erstaunt**[1] festgestellt, dass sich der ~~grosse~~ **große**[2] Meeresräuber wohl vor einem anderen Tier gehörig fürchtet: ~~den~~ **dem**[3] Orca. Indem sie die Haie mit GPS-Sendern ausstatteten**, (fehlendes Komma)**[4] überwachten die amerikanischen Wissenschaftler die Tiere ganz genau. Vor der Küste von San Francisco, wo die gefräßigen ~~Raupfische~~ **Raubfische**[5] häufig See-Elefanten jagen, konnten sie wichtige ~~Erkentnisse~~ **Erkenntnisse**[6] gewinnen. Orcas kommen hier nur ab und zu auf ihren weiten Wanderungen vorbei. Tauchten die Schwertwale jedoch auf, ~~verlißen~~ **verließen**[7] die Haie schlagartig die Gewässer und flüchteten eilig hinaus aufs offene Meer. Die weißen Haie haben solche Angst vor den Orcas, ~~das~~ **dass**[8] sie auch nicht so schnell wieder ~~zurückehrten~~ **zurückkehrten**[9]. Oft trauten sie sich ein Jahr lang nicht mehr zurück in ihr altes Jagdrevier – und das, obwohl die Orcas meist schon nach einer Stunde wieder weiterzogen. Für die ~~junge~~ **jungen**[10] See-Elefanten ist das ~~zusammentreffen~~ **Zusammentreffen**[11] der beiden Jäger in ihrem Lebensraum ein Segen. Statt 40 Jungtieren erbeuteten die Haie in Jahren, in denen sich Orcas zeigten**, (fehlendes Komma)**[12] nur noch magere 25 Prozent davon.

   Hinweis: ***1)*** *Du kannst die richtige Schreibung erschließen, indem du das Wort verlängerst bzw. als Attribut verwendest, z. B.: die erstaunten Zuschauer.* ***2)*** *Nach einem lang gesprochenen Vokal wird der stimmlose s-Laut als „ß" geschrieben.* ***3)*** *Das Prädikat des Satzes, „sich fürchten vor", erfordert ein Dativobjekt: Der große Meeresräuber fürchtet sich vor wem? – Vor dem Orca.* ***4)*** *Das Komma trennt den mit der Konjunktion „indem" eingeleiteten Nebensatz vom nachfolgenden Hauptsatz ab.* ***5)*** *Suche nach verwandten Wörtern, um den Wortstamm zu erschließen, z. B. „rauben".* ***6)*** *Dem Nomen liegt das Verb „(er)kennen" zugrunde. Das Doppel-n gehört zum Wortstamm („-kenn-") und bleibt daher in allen verwandten Wörtern erhalten.* ***7)*** *Der lang gesprochene i-Laut wird in der Regel als „ie" geschrieben.* ***8)*** *„Dass" ist hier Konjunktion; du erkennst den Nebensatz am finiten Verb am Satzende. Du kannst „das" hier nicht durch „welches" ersetzen, daran siehst du, dass es sich nicht um ein Relativpronomen handelt.* ***9)*** *Zusammensetzung aus „zurück" (Präfix) + „kehren" (Verb); bei Zusammensetzungen darf kein Buchstabe weggelassen werden.* ***10)*** *Der Kasus eines Adjektivs muss mit dem des Nomens, das es näher bestimmt, übereinstimmen (hier: Akkusativ).* ***11)*** *Nominalisierung des Verbs „zusammentreffen"; du erkennst sie an dem vorangestellten Artikel. Nominalisierungen werden großgeschrieben.* ***12)*** *Es handelt sich um einen eingeschobenen*

Relativsatz, der vorne und hinten mit Komma vom Hauptsatz abgetrennt werden muss. Du erkennst das Ende eines Nebensatzes immer daran, dass das finite Verb am Satzende steht.

2.

Aktiv	**Passiv**
Die 10 B schreibt die Deutschprüfung.	Die Deutschprüfung wird von der 10 B geschrieben.
Nina meisterte das Vorstellungsgespräch mit Bravour.	Das Vorstellungsgespräch wurde von Nina mit Bravour gemeistert.
Jamie hat einen Spickzettel auf der Jungentoilette versteckt.	Ein Spickzettel ist von Jamie auf der Jungentoilette versteckt worden.
Am Ende des Schuljahres werden die Abgängerinnen und Abgänger ein rauschendes Fest feiern.	Am Ende des Schuljahres wird von den Abgängerinnen und Abgängern ein rauschendes Fest gefeiert werden.

***Hinweis:** Bei der Umformung vom Aktiv zum Passiv wird das Objekt (**Satz 2:** das Vorstellungsgespräch, **Satz 4:** ein rauschendes Fest) zum Subjekt. Bei der Umwandlung vom Passiv ins Aktiv wird das Subjekt zum Objekt (**Satz 1:** die Deutschprüfung, **Satz 3:** ein Spickzettel). Achte immer darauf, die Zeitform beizubehalten: **Satz 1:** Präsens, **Satz 2:** Präteritum, **Satz 3:** Perfekt, **Satz 4:** Futur I.*

3.

Satz	**Begründung**
Der Schüler, dessen Handy während des Unterrichts geklingelt hat, muss zur Strafe einen Kuchen mitbringen.	A
Der Kuchen, eine besonders gut gelungene Apfeltorte, löst in der Klasse Begeisterung aus.	C
Alle wollen das Rezept haben, sogar die Lehrerin.	C
Weil der Kuchen nicht von ihm selbst gebacken wurde, kann der Schüler zu dem Rezept nichts sagen.	B
Jetzt fragen sich alle in der Klasse, ob diese Art der Strafe überhaupt sinnvoll ist.	B/D

Hinweis: ***Satz 1:*** *Du erkennst den eingeschobenen Relativsatz an dem Relativpronomen „dessen", das sich auf das Subjekt „der Schüler" bezieht.* ***Satz 2:*** *„eine besonders gut gelungene Apfeltorte" ist eine nachgestellte Erläuterung, die das Subjekt „der Kuchen" näher beschreibt. Dass es sich um einen Einschub handelt und nicht um einen Nebensatz, erkennst du am fehlenden Verb.* ***Satz 3:*** *„Sogar die Lehrerin" ist eine nachgestellte Erläuterung zu „alle".* ***Satz 4:*** *„Weil" ist eine kausale (begründende) Konjunktion, die immer einen Nebensatz einleitet.* ***Satz 5:*** *Ein indirekter Fragesatz ist eine Form von Nebensatz, der mit der Konjunktion „ob" eingeleitet wird. Daher sind Antwort B und D richtig.*

4. Tommy ärgerte sich, weil er sein neues T-Shirt, **das (R)**[1] ihm Tina geschenkt hatte, gleich mit Eis bekleckert hatte. Er war aber auch ein Schussel! **Das (A)**[2] Eis, das an der Sonne schnell trocknete, hinterließ einen hässlichen roten Fleck auf dem hellen T-Shirt. Wie sollte er Tina **das (D)**[3] erklären? Es war ihm peinlich, dass er ihr bei ihrem Treffen das fleckige Hemd zeigen musste. **Dass (K)**[4] Tina sich aufregen oder ihn zumindest auslachen würde, war ihm klar. Aber das war jetzt sowieso schon egal, als er merkte, **dass (K)**[5] er zu allem Unglück noch den Bus verpasst hatte. Was für ein blöder Tag!

   Hinweis: ***1)*** *Relativpronomen: Austauschprobe mit „welches" möglich;* ***2)*** *bestimmter Artikel: Begleiter des Nomens „Eis", Austauschprobe mit „dieses/jenes" möglich;* ***3)*** *Demonstrativpronomen: Austauschprobe mit „dies(es)" möglich, bezieht sich zurück auf zuvor Genanntes (Fleck auf dem Shirt);* ***4 + 5)*** *Konjunktion: leitet Nebensatz ein, im Hauptsatz stehen Verben des Denkens/Meinens („klar sein", „merken"), keine Austauschprobe möglich.*
   Denke am Satzanfang an die Großschreibung.

Abschlussprüfung Deutsch an Realschulen in Hessen 2019
Text 1

Teil I: Lesen

Hinweis: In den Aufgaben 1 und 2 gibt es für jede richtige Lösung einen Punkt. Sind mehrere Möglichkeiten angekreuzt, wird kein Punkt vergeben.

1. a) ☒ umarmenden Reim.

Hinweis: In jeder Strophe reimen sich der zweite und der dritte Vers. „Umarmt" wird dieser Paarreim jeweils von den Versen 1 und 4, die sich ebenfalls reimen. Das Reimschema in diesen vier Versen entspricht also der Buchstabenfolge abba.

b) ☒ Präsens

*Hinweis: An den Verben kannst du die grammatische Zeitform erkennen. In der ersten Strophe sind das die Verbformen: „Niemand **weiß**", „du **bist**" (V. 1), „**haben** […] zu klagen" (V. 2), „**haben** […] zu fragen" (V. 3), „dir zumute **ist**" (V. 4).*

c) ☒ Binnenreim.

Hinweis: Von einem Binnenreim spricht man, wenn sich Wörter innerhalb einer Verszeile reimen. In der zweiten Strophe reimt sich in Vers 3 „bücken" auf „drücken".

d) ☒ Trochäus.

Hinweis: Als Metrum oder auch Versmaß bezeichnet man die regelmäßige Abfolge von betonten und unbetonten Silben. Der Trochäus ist ein zweisilbiges Metrum, bei dem jeweils die erste, dritte, fünfte etc. Silbe eines Verses betont wird. Die Silben dazwischen sind dagegen kurz und unbetont.

2. a) ☒ die Nachbarn ihre eigenen Sorgen haben.

Hinweis: Das Wort „klagen" bedeutet in diesem Zusammenhang so viel wie „über etwas jammern".

b) ☒ belasten.

Hinweis: Die Sorgen, als „Leid" und „Last" bezeichnet (V. 6), werden als schweres Gewicht verbildlicht, das man sich „auf den Rücken" legt (V. 7). Ist das Gewicht auf dem Rücken zu groß, dann drückt es einen hinunter, stellt also eine Belastung dar.

c) ☒ eine Unterstützung.

Hinweis: *Wem die Probleme über den Kopf wachsen, der benötigt Hilfe. Die „Krücken" sind hier also bildlich gemeint und stehen für jemanden oder etwas, der oder das einen in schwierigen Situationen „stützen" kann.*

3. **Hinweis:** *In den Aufgaben 3 a und 3 b gibt es für jede richtige Antwort zwei Punkte. Sind mehrere Möglichkeiten angekreuzt, wird kein Punkt vergeben.*

a) ☒ Nur A und B treffen zu.

Hinweis: A: *Alle Strophen folgen dem Reimschema abbab.* **B:** *Alle Strophen bestehen aus jeweils fünf Versen.* **C:** *Bei unreinen Reimen werden Silben gereimt, die ähnlich, jedoch nicht völlig gleich klingen, z. B. „stehen – Höhen". Im vorliegenden Gedicht kommt diese Reimart nicht vor.* **D:** *Wenn die letzte Silbe eines Verses unbetont ist, bezeichnet man das als „weibliche Kadenz". Schon in der ersten Strophe enden jedoch die Verse 1 und 4 mit einer betonten Silbe, also einer „männlichen Kadenz". Die Aussagen C und D treffen somit nicht zu.*

b) ☒ Nur B und C treffen zu.

Hinweis: B: *In den Versen 5 bis 7 wird deutlich, dass das in dem Gedicht angesprochene Du seine Sorgen nicht sehen möchte und sie deshalb „auf den Rücken" (V. 7) legt.* **C:** *Aus den Versen 11 f. in der dritten Strophe geht hervor, dass das lyrische Du sich Trost von seinen Mitmenschen wünscht.* **A:** *Die Aussage trifft nicht zu, denn in der ersten Strophe heißt es ausdrücklich, dass die „Nachbarn […] keine Zeit zu fragen" haben, „wie denn dir zumute ist" (V. 2–4).* **D:** *Für diese Aussage gibt es in dem Gedicht keine entsprechende Textstelle. Zwar ist dreimal von „lächeln" die Rede (V. 6, 9, 17), doch geht es dabei eher darum, die wahren Gefühle zu überspielen.*

4. **Hinweis:** *Drei Punkte gibt es, wenn beide Teile der Aufgabe erfüllt sind: Einen Punkt ist die reine Erklärung des Stilmittels wert; wird die Wirkung der rhetorischen Frage an einer konkreten Textstelle deutlich gemacht, werden zwei weitere Punkte vergeben. Der Textverweis kann als Zitat, Umschreibung oder auch nur als Zeilenangabe erfolgen.*

Mögliche Lösung:

Erklärung des Stilmittels: Auf eine rhetorische Frage erwartet man keine Antwort, weil man sie entweder schon kennt oder weil man eine Behauptung in die Frage „verpackt“ hat.

Wirkung:

- Durch die rhetorische Frage wird deutlich gemacht, dass das im Gedicht angesprochene Du seine Sorgen für sich behält, auch wenn man es danach fragen würde. Eigentlich geht es dem Du im Gedicht schlecht, aber es möchte niemanden belasten, weil die Mitmenschen selbst genug Probleme haben (vgl. V. 2). Deshalb tut es so, als ob es ihm gut ginge, und verzichtet auf die Unterstützung, die eigentlich nötig wäre (vgl. zweite Strophe).
- Die rhetorische Frage bezieht die Leser*innen mit ein. Man kann sich in die Situation, die in der ersten Strophe beschrieben wird, hineinversetzen und überlegen, wie man selbst auf die Frage reagieren würde.

5. a) ***Hinweis:** Alles oder nichts: Es gibt keine Teilpunkte. Die drei Punkte erhältst du für eine nachvollziehbare Erklärung, die sich jedoch nicht auf den Inhalt des Gedichtes beziehen muss. Textverweise in Form von Versangaben oder Zitaten sind bei dieser Aufgabe also nicht notwendig.*

   Mögliche Lösung:

   Der Titel bedeutet, dass man niemandem ansehen kann, was er gerade denkt und fühlt. Solange eine Person ihrer Umgebung nicht mitteilt, wie es in ihrem Inneren aussieht, weiß niemand, wie gut oder schlecht es ihr geht.

   b) ***Hinweis:** Auch bei dieser Aufgabe geht es nicht um den Inhalt des Gedichtes, sondern um deine eigene Einschätzung. Es gibt jeweils drei Punkte für ein schlüssig erklärtes Beispiel. Für das bloße Nennen eines Vor- oder Nachteils ohne Beispiel gibt es jeweils einen Punkt.*

   Mögliche Lösung:

   Vorteil: Da man über seine Mitmenschen nicht immer nur freundlich oder positiv denkt, ist es von Vorteil, dass einem niemand in die Seele blicken kann. Hat man sich z. B. privat oder beruflich über jemanden sehr geärgert und stößt in Gedanken heftige und vielleicht auch verletzende Beschimpfungen aus, würde das zu Streit und Konflikten führen, könnte der andere die Gedanken lesen.

Nachteil: Gerade für schüchterne und zurückhaltende Menschen kann es ein Nachteil sein, dass ihre wahren Gefühle verborgen sind. Wenn es ihnen z. B. schlecht geht und sie nicht darüber sprechen, besteht die Gefahr, dass sie keine Hilfe erhalten.

6. ***Hinweis:** Beim Erläutern geht es um das Textverständnis. Es reicht also nicht aus zu wissen, was ein Imperativ ist, sondern du musst aus dem Textzusammenhang heraus seine inhaltliche Funktion an dieser Stelle deutlich machen, um die beiden Punkte zu erhalten.*

   Mögliche Lösung:
   Nachdem in den ersten drei Strophen beschrieben wurde, dass das im Gedicht angesprochene Du mit seinen Ängsten und Sorgen alleine dasteht, wird es mit den Imperativen in den Versen 16 f. ermuntert, der Welt dennoch mit Zuversicht entgegenzutreten: „Sei trotzdem kein Pessimist / sondern lächle […]". Die beiden Imperative stellen also eine Aufforderung dar, sich nicht unterkriegen zu lassen und den Menschen, die einen ansprechen, mit einem Lächeln zu begegnen.

7. ***Hinweis:** Du kannst der Aussage zustimmen oder sie ablehnen, es kommt darauf an, dass du deine Haltung begründen und die Begründung mit einer passenden Textstelle belegen kannst. Für beide Möglichkeiten finden sich Textbelege. Drei Punkte erhältst du für eine schlüssige Begründung mit passendem Textverweis, ohne diesen gibt es noch zwei Punkte, wenn die Begründung nachvollziehbar ist. Keine Punkte gibt es für eine Zustimmung oder Ablehnung ohne Begründung oder für das bloße Nennen einer Textstelle.*

   Mögliche Lösungen:
   Zustimmung:
   - Ich stimme der Aussage zu, denn die rhetorische Frage in Vers 5 bewirkt, dass die Leser*innen unmittelbar in die Gedankenwelt der im Gedicht angesprochenen Person einbezogen werden und sich mit ihr identifizieren können.
   - Die meisten Leser*innen kennen vermutlich das Gefühl, mit den Alltagssorgen und -nöten alleine zu sein und vergeblich auf Trost zu hoffen. Die Verwendung des Du z. B. in den Versen 11 f. bewirkt, dass Erlebnisse dieser Art wieder ins Bewusstsein rücken und man über den Inhalt und die Aussage des Gedichts nachdenkt. Deshalb stimme ich der Aussage zu.

Ablehnung:

- Ich stimme der Aussage nicht zu, denn mit dem Du führt das lyrische Ich einen inneren Dialog. Damit wird die Aussage des Gedichts, dass man seine Probleme mit sich selbst ausmacht und niemanden damit belasten möchte, verstärkt: „Niemand“ bzw. „Keiner weiß, wie arm du bist …“ (V. 1, 19) Auch das lyrische Ich ist in dieser trostlosen Situation, spricht mit sich selbst und überspielt alles mit einem Lächeln, um nicht zugeben zu müssen, dass es Hilfe braucht („Und das Beste wären ein Paar Krücken.“ V. 10).
- Die Anredepronomen „du“, „deine“, „dir“ oder „dich“ beziehen sich, ebenso wie die unpersönlichen Ausdrücke „einer“ (V. 11) oder „man“ (V. 17), auf eine nicht näher charakterisierte, andere Person. Deshalb stimme ich der Aussage nicht zu.

8. ***Hinweis:** Beim Erläutern sollen Textzusammenhänge deutlich gemacht werden. Dazu gehört z. B. auch, Sprachbilder zu interpretieren und Fremdwörter zu erklären. Für jede schlüssige Erläuterung mit Bezug auf eine Textstelle (Versangabe, Umschreibung oder Zitat) gibt es jeweils zwei Punkte. Für eine Erläuterung ohne Textverweis wird ein Punkt gegeben, das bloße Nennen bzw. Zitieren einer Textstelle hingegen reicht nicht für einen Punkt.*

Mögliche Lösungen:

- Das im Gedicht angesprochene Du legt die Sorgen des Alltags „[l]ächelnd […] auf den Rücken“ (V. 6 f.), das heißt, sie werden weggeschoben oder verdrängt und sind damit zwar unsichtbar, aber trotzdem zunehmend spürbar. Dass das Du die immer größer werdende Last mit einem Lächeln erträgt, solange es möglich ist, ist ein Beispiel für Tapferkeit.
- Trotz aller Probleme soll das Du nicht negativ denken und seinen Mitmenschen freundlich gegenübertreten: „Sei trotzdem kein Pessimist, sondern lächle […]“ (V. 16 f.).
- Da niemand „weiß, wie arm du bist“ (V. 1, 19) und keiner dir „hinter das Gesicht“ (Überschrift, V. 18) blicken kann, kann man versuchen, offen und selbstbewusst zu sein und sich nicht anmerken zu lassen, wie es in einem wirklich aussieht.

9. a) **Hinweis:** *Alles oder nichts: Die Erklärung beider Bedeutungen von „Reichtum" mithilfe passender Beispiele ist notwendig, es gibt keine Teilpunkte! Zitate und Versangaben sind bei dieser Aufgabe nicht gefordert.*

Mögliche Lösung:
Der erste Teil der Strophe bezieht sich auf den Besitz, den man mit Geld kaufen und nach außen zeigen kann. Dazu gehören z. B. ein teures Handy, Markenkleidung, Luxusuhren oder ein großes Haus. Eine andere Form von Reichtum sind die sogenannten ideellen Werte, die unbezahlbar sind und die einem auch niemand stehlen kann. Das können z. B. Freundschaften sein, eine glückliche Beziehung und Familie oder auch positive Eigenschaften wie Geduld, Humor und Freundlichkeit.

b) **Hinweis:** *In deiner Erklärung muss deutlich werden, was der Inhalt dieser Strophe bei kleinmütigen Menschen bewirken soll. Auch hier gibt es keine Teilpunkte.*

Mögliche Lösung:
Mit der Strophe soll allen, die dem Leben ängstlich und verzagt begegnen, Mut zugesprochen werden. Sie sollen nicht voller Neid auf den materiellen Besitz anderer Menschen blicken. Denn teure Gegenstände und Luxusreisen garantieren kein glückliches Leben, wenn entscheidende Dinge wie Zufriedenheit und Gesundheit fehlen. Deshalb sollen sich die „Kleinmütigen" bewusst machen, über welchen großen Reichtum sie verfügen, wenn sie z. B. verlässliche Freunde haben, gesund sind und in einem friedlichen Land leben.

Teil II: Schreiben

II.A: Textproduktion

a) *Hinweis:*
Aufbau/Inhalt: *Beim* ***Erzählen*** *kannst du deiner Fantasie freien Lauf lassen. Vorgegeben sind nur der grobe Ablauf der Geschichte sowie ein glückliches Ende. Die Details wie z. B. Namen und Lebenssituation der Beteiligten denkst du dir selbst aus. Du entscheidest auch, ob deine Erzählung eher lustig oder traurig sein soll und aus welcher Perspektive du erzählen willst. In der* ***Einleitung*** *deiner Erzählung sollten die Personen und ihre Beziehung zueinander deutlich werden. Der* ***Hauptteil*** *besteht aus dem zentralen Thema: der Enttäuschung einer der beiden Personen und ihre Reaktion darauf. Im* ***Schlussteil*** *gehst du auf die Versöhnung ein. Vergiss nicht, dir auch eine passende Überschrift auszudenken!*
Sprachangemessenheit: *Gestalte deine Geschichte lebendig mit treffenden Formulierungen, wörtlicher Rede und der Wiedergabe von Gedanken und Gefühlen deiner beiden Hauptpersonen. Verwende die Zeitformen der Vergangenheit (außer bei wörtlicher und erlebter Rede) und vermeide Wiederholungen.*
Sprachrichtigkeit: *Fehler in der Rechtschreibung und Grammatik werden als ganze Fehler, die in der Zeichensetzung als halbe Fehler gewertet. Die Gesamtzahl der Fehler wird auf die Wörterzahl deines Aufsatzes bezogen und als Fehlerindex errechnet.*

Die blaue Mappe — Überschrift

Einleitung — Hauptpersonen und ihre Situation

Seit dem ersten Tag im Kindergarten waren Mia und Caro befreundet. Jeden Tag spielten die beiden Mädchen zusammen, saßen beim Essen nebeneinander und trafen sich am Wochenende und in den Ferien, so oft es nur ging. Auch während der Grundschulzeit klebten sie ständig aneinander und wechselten anschließend gemeinsam in dieselbe Klasse der Gesamtschule. Alle wussten, dass zwischen Mia und Caro kein Blatt Papier passte.

Überleitung zum Hauptteil

Doch eines Tages, als sie im 10. Schuljahr waren, passierte etwas, das die tiefe Freundschaft der beiden Mädchen beinahe zerstört hätte.

Hauptteil — Darstellung von Mias Notlage

Es war wenige Wochen vor der Abschlussprüfung, und für Mia ging es um alles. Sie hatte schon immer Probleme mit Mathematik gehabt, und die letzte Klassenarbeit vor der Prüfung sollte die Entscheidung bringen, ob es noch für eine Vier reichen würde. Sie brauchte diese Note dringend, denn sonst würde sie den begehrten Ausbildungsplatz als Tierarzthelferin nicht bekommen. Seit ihrem Praktikum in der Tierarztpraxis kam kein anderer Beruf mehr für sie infrage. Die Ärztin war sehr zufrieden mit Mias Leistungen gewesen und hatte ihr den Ausbildungsplatz so gut wie versprochen, wenn … ja wenn … „Keine Fünf im Zeugnis!", hatte sie am Ende des Praktikums mahnend gesagt, und ihr Blick verriet, dass sie das sehr ernst meinte. Keine Fünf im Zeugnis, keine Fünf im Zeugnis – der Satz drehte sich immer schneller in Mias Kopf, je näher der Termin für die Klassenarbeit rückte.

Mias Gefühle und Gedanken

Verzweifelt saß sie im Matheunterricht und starrte hilflos auf die Übungsaufgaben, die Herr Zweistein für die Arbeit an die Tafel schrieb. Caro rettete sie, wie schon so oft, indem sie ihr das Heft mit den bereits gelösten Rechnungen hinschob. Mit Caros Hilfe hatte sich Mia in den letzten Jahren immer irgendwie durchgemogelt, aber ganz blöd war Herr Zweistein ja auch nicht. Der Pausengong unterbrach Mias Gedanken. „Wenn ihr diese Aufgaben beherrscht, solltet ihr für die Mathearbeit gut vorbereitet sein. Wir sehen uns übermorgen. Denkt an Geodreieck, Normalparabel und den Taschenrechner. Die Formelsammlungen bekommt ihr von mir. Ich wünsche euch allen ein fröhliches Üben!" Mit diesen Worten eilte der Mathematiklehrer davon. Dass er eine dünne blaue Mappe auf dem Pult vergessen hatte, bemerkte nur Mia. Sie kramte in ihrem Rucksack und trödelte herum, während die Klasse lachend und lärmend den Raum verließ. „Nun mach schon!", rief Caro von der Tür her. „Ich komme gleich, geh' schon mal vor!", gab Mia zurück. Rasch schnappte sie sich die Mappe und schaute hinein. Es war, wie sie vermutet hatte: Innen lag die Kopiervorlage der Mathearbeit. Es dauerte keine Minute, bis Mia die drei Seiten mit ihrem Handy fotografiert hatte. Dann schloss sie die Mappe, legte sie zurück und verließ mit klopfendem Herzen den Raum. Niemand sah sie, als sie die Treppe hinuntereilte und sich auf dem Schulhof zu Caro und den anderen gesellte. „Wo warst du denn?" Die Freundin war die einzige, der Mias Abwesenheit aufgefallen war. „Komm

Ausgangssituation: letzte Mathestunde vor der Klassenarbeit

Handlungsschritte:

- Der Lehrer vergisst seine Unterlagen, Mia fotografiert heimlich die Kopiervorlage.

nach der Schule mit zu mir, ich muss dir was zeigen", flüsterte sie Caro aufgeregt zu.

Als die Mädchen es sich am Nachmittag gemeinsam auf dem breiten Sofa in Mias Zimmer gemütlich gemacht hatten, zückte Mia triumphierend ihr Handy und fuchtelte damit vor Caros Gesicht herum. „Rate, was ich gefunden habe", forderte sie Caro mit geheimnisvollem Lächeln auf. Caro hob die Schultern und sah sie fragend an. „Keine Ahnung. Zwei Freikarten für das Justin-Bieber-Konzert? Einen Lottoschein mit den Gewinnzahlen? Den besten Typen ever?"

- Mia weiht die Freundin in ihren Plan ein.

„Viiiiiel besser!" Mia konnte ein glückseliges Glucksen kaum unterdrücken. Sie öffnete das Foto und zeigte es Caro. „Weißt du, was das ist?", fragte sie.

„Sieht aus wie Matheaufgaben. Das sind ja … du hast doch nicht … Zweisteins Mappe?" Caro war fassungslos. „Das kannst du nicht machen! Lösch sofort die Fotos!", herrschte sie die Freundin an. „Aber Caro, verstehst du denn nicht? Das ist meine Rettung! Wenn du die Aufgaben vorher mit mir durchrechnest, habe ich noch eine Chance! Bitte versau mir das jetzt nicht!", flehte Mia.

- Caros unerwartete Reaktion

„Das ist Betrug. Da mache ich nicht mit", sagte Caro finster und entschieden. „Und du solltest dir auch überlegen, ob diese bescheuerte Mathenote das wert ist." „Was meinst du damit? Natürlich ist es das wert. Die Note ist meine Lehrstelle wert, meine Zukunft, mein Leben!" „Das meine ich nicht", antwortete Caro leise. „Ich dachte eher an unsere Freundschaft. Mach, was du willst, aber zieh mich da nicht rein. Du kannst dich ja melden, wenn du dich entschieden hast." Nach diesen Worten verließ Caro das Zimmer.

- Streit zwischen den Freundinnen

Mia lag wie betäubt auf dem Sofa. Warum ließ Caro sie so im Stich? Immer hatten sie sich aufeinander verlassen können, und jetzt das … Bilder zogen an ihrem inneren Auge vorbei: Sie und Caro im Planschbecken, sie und Caro bei der Einschulung mit den viel zu großen Schultüten, auf dem Ponyhof, auf Klassenfahrt in der Jugendherberge, beim Klarinettenunterricht, ihr erster Konzertauftritt in der Musikschule, sie beide im braven dunklen Kleid bei der Konfirmation … Mia starrte auf das Display ihres Handys und scrollte die drei

- Mia denkt über ihre Freundschaft mit Caro nach.

Aufnahmen mit den Matheaufgaben hin und her, hin und her … Die Zeichen und Zahlen verschwammen vor ihren Augen. Ein Bild mit Caros Gesicht tauchte auf, ihr fragender Blick traf Mia mitten ins Herz. Sie seufzte tief, schloss die Augen und traf eine Entscheidung.

„Du hast recht, Caro, das ist es wirklich nicht wert", flüsterte sie. Sie markierte die drei Fotos aus der blauen Mappe und drückte entschlossen die Löschtaste. Dann tippte sie auf Caros Telefonnummer. Schon nach dem ersten Klingeln war die Freundin am Handy. „Caro, du … sag mal … hättest du Zeit, morgen mit mir noch mal die Aufgaben von der Tafel durchzugehen?", fragte sie schüchtern.

Wende: Mia sieht ihren Fehler ein und löscht die Fotos.

„Klar, wir können auch gleich anfangen, wenn du willst. Ich stehe hier unten bei dir vor der Haustür. Lässt du mich rein?" Schluchzend fiel Mia der Freundin um den Hals. „Ich habe die Fotos gelöscht. Verzeihst du mir?" Caro drückte sie ganz fest. „Ich wusste es. Schon vergessen. Und jetzt üben wir Mathe."

Schluss
Versöhnung

b) ✎ ***Hinweis:*** *Bei einer* ***Argumentation*** *ist es sinnvoll, zunächst in einer Tabelle die Vor- und Nachteile zur Fragestellung in Stichworten zu notieren und sie nach Wichtigkeit zu ordnen. In der* ***Einleitung*** *kannst du z. B. auf die Beliebtheit und Verbreitung von sozialen Netzwerken hinweisen und mit der aus dem Thema abgeleiteten Fragestellung zum Hauptteil überleiten. Die Vor- und Nachteile eines „öffentlichen Lebens im Netz" stellst du im* ***Hauptteil*** *einander gegenüber. Dabei sollten möglichst gleich viele Pro- und Kontra-Argumente vorgestellt werden. Wichtig ist, dass du deine Argumente mit überzeugenden Beispielen stützt. Du kannst die Pro- und Kontra-Argumente nach dem Sanduhrprinzip abhandeln, d. h., du nennst zuerst die Argumente, die deine Meinung nicht stützen, und ordnest sie nach absteigender Wichtigkeit; bei den Argumenten, die deine Meinung stützen, nennst du das wichtigste am Schluss. Oder du gehst nach dem Ping-Pong-Prinzip vor und hältst jeweils einem Pro-Argument ein passendes Kontra-Argument entgegen. Deine eigene Meinung äußerst du erst im* ***Schlussteil*** *und bekräftigst sie, indem du das wichtigste Argument noch einmal wiederholst.*
Achte auf die ***Sprachangemessenheit*** *(richtige Verwendung der Zeitform, treffende Formulierungen, passende Wortwahl, abwechslungsreicher Satzbau, Vermeidung von Wiederholungen) und die* ***Sprachrichtigkeit*** *(Fehler zählen in Rechtschreibung/Grammatik als ganze, in der Zeichensetzung als halbe Fehler).*

Ideenliste/Stoffsammlung (Sanduhrprinzip):

Macht Facebook glücklich? Die Vor- und Nachteile sozialer Netzwerke	
Nachteile (absteigend)	**Vorteile (aufsteigend)**
Suchtgefahr/Realitätsverlust	kreativ sein (eigene Fotos/Videos posten)
Gefahr von Cybermobbing	weltweit neue Freunde/Gleichgesinnte finden
keine Kontrolle, was mit den Inhalten passiert/fehlender Datenschutz	einfache und schnelle Kommunikation

Macht Facebook glücklich? Die Vor- und Nachteile sozialer Netzwerke

Überschrift

Einleitung

Beliebtheit und Verbreitung von sozialen Netzwerken

Soziale Netzwerke sind aus dem Leben vieler Menschen nicht mehr wegzudenken. Sie chatten und spielen, tauschen Informationen aus, diskutieren und posten Neuigkeiten aus ihrem Leben in Bild und Text. Besonders junge Leute können sich ein Leben ohne Facebook, Instagram, Snapchat und andere virtuelle Treffpunkte kaum noch vorstellen. Doch welche Vor- und Nachteile hat es, andere Menschen über die sozialen Netzwerke am eigenen Leben teilhaben zu lassen?

Überleitung zum Thema: Aufgreifen der Fragestellung

Hauptteil

Nachteile der sozialen Netzwerke:

- Erstes Argument: Suchtgefahr, Realitätsverlust

Mithilfe des Handys ist das Internet jederzeit und überall verfügbar. Das verleitet dazu, sich ständig in den sozialen Netzwerken zu bewegen. Immer öfter sieht man nicht nur junge Leute, die in der Öffentlichkeit mit gesenktem Kopf auf ihr Smartphone starren und die Wirklichkeit um sich herum ausblenden. Das ist nicht nur gefährlich aufgrund des Straßenverkehrs, sondern führt auch dazu, dass die reale Welt immer weniger wahrgenommen wird und man schließlich sogar sein soziales Umfeld vernachlässigt.

- Zweites Argument: Cybermobbing

Ein weiterer Nachteil der vielfältigen Internet-Aktionen ist das Cybermobbing. Es gibt Nutzer, die sich einen Spaß daraus machen, in der Anonymität des weltweiten Netzes einzelne Menschen zu beschimpfen, zu beleidigen oder Gerüchte über sie zu verbreiten. Solche Attacken haben schon dazu geführt, dass die Opfer in ihrer Verzweiflung keinen anderen Ausweg mehr sahen, als sich umzubringen.

Wer viel in sozialen Netzwerken unterwegs ist, kann zudem leicht die Kontrolle darüber verlieren, was mit den eigenen Daten passiert. Man sollte sich sehr genau überlegen, was man ins Netz stellt, denn keine der Plattformen ist vor Datenklau sicher. Einmal gepostete Bilder und Texte können blitzschnell verbreitet werden. Hat man z. B. ein lustiges Partyfoto von sich mit der Community geteilt, kann es noch Jahre später im Internet herumgeistern und eventuell dazu führen, dass man bei einer Bewerbung einen schlechten Eindruck macht.

- Drittes Argument: „Das Netz vergisst nichts"/fehlender Datenschutz

Trotz dieser Risiken bieten soziale Netzwerke ihren Nutzern auch viele Vorteile.

Überleitung zu den **Vorteilen**

Wer kreativ ist und seine Ergebnisse gerne mit anderen teilt, findet in sozialen Netzwerken ein großes Betätigungsfeld. So kann man z. B. eigene kleine Filme drehen und auf YouTube hochladen. Das direkte Feedback der Internet-Community hilft einem, sich weiterzuentwickeln. Viele der heutigen Influencer haben klein angefangen und können heute sogar von ihrem eigenen YouTube-Kanal leben.

- Erstes Argument: Ausleben der eigenen Kreativität

Ein weiterer Vorteil der sozialen Netzwerke ist die Möglichkeit, in den weltweit agierenden Plattformen über alle Grenzen hinweg mit Menschen Kontakte zu pflegen, die man sonst nie treffen würde. Das können weit entfernt wohnende Familienmitglieder sein, aber auch Chatpartner, mit denen man sich in speziellen Foren über die gemeinsamen Interessen austauschen kann.

- Zweites Argument: weltweite Kontaktmöglichkeiten

Das wichtigste Argument ist jedoch, dass mit sozialen Netzwerken eine schnelle und direkte Kommunikation möglich ist, die den Alltag erleichtert und ihn oft auch unterhaltender macht. Dazu gehören Terminabsprachen mit Freunden und der Familie, die schnelle Verbreitung von Informationen in Schule und Beruf oder das Teilen interessanter Inhalte. Auch ist man immer auf dem neuesten Stand, wie es den Menschen geht, die einem wichtig sind.

- Drittes Argument: schnelle und direkte Kommunikation

Ich bin der Meinung, dass die Vorteile der sozialen Netzwerke überwiegen. Mir ist dabei am wichtigsten, dass ich mit Facebook, Instagram und Snapchat nicht nur immer auf dem Laufenden bin, was meine Freunde gerade machen, sondern ihnen auch das Neueste aus meinem Leben mitteilen kann.

Schluss
Fazit/eigene Meinung, Bekräftigung des wichtigsten Arguments

Abschlussprüfung Deutsch an Realschulen in Hessen 2019
Text 2

Teil I: Lesen

Hinweis: In den Aufgaben 1 und 2 gibt es für jede richtige Lösung einen Punkt. Sind mehrere Möglichkeiten angekreuzt, wird kein Punkt vergeben.

1. a) ☒ eines von drei Pferden.

   ***Hinweis:** vgl. Z. 9–17*

   b) ☒ über 150 Jahren.

   ***Hinweis:** vgl. Z. 55 f.*

   c) ☒ Jagdtechniken

   ***Hinweis:** vgl. Z. 64 f.*

   d) ☒ Verhaltensbiologe.

   ***Hinweis:** vgl. Z. 88*

   e) ☒ dem Eichelwurm

   ***Hinweis:** vgl. Z. 112–115*

   f) ☒ eine Erdnuss in einer Röhre

   ***Hinweis:** vgl. Z. 136 f.*

2. a) ☒ Zögern.

   ***Hinweis:** „Zaudern“ bedeutet so viel wie „sich nicht entschließen können“, „Bedenken haben“.*

   b) ☒ sich entziehen.

   ***Hinweis:** Vgl. den verwandten Ausdruck „sich verdrücken“, d. h. einer Situation aus dem Weg gehen.*

   c) ☒ nicht vertrauenswürdig.

   ***Hinweis:** Gegenteil von „redlich“: Wenn das **Reden** einer Person mit ihrem Handeln übereinstimmt, ist sie redlich, d. h. ehrlich und vertrauenswürdig.*

d) ☒ Aufmerksamkeit erregen.

Hinweis: Wenn etwas so auffällig ist, dass man es gut ***sehen*** *kann, dann sorgt es für Aufsehen.*

e) ☒ der Unterschied geringer wird.

Hinweis: Eine Kluft ist eine tiefe Felsspalte. Die Metapher wird hier verwendet, um zu veranschaulichen, dass es zwischen Mensch und Tier weniger Unterschiede gibt, als man dachte.

3. *Hinweis: Bei den Aufgaben 3 a und 3 b gibt es für jede richtige Antwort zwei Punkte. Sind mehrere Möglichkeiten angekreuzt, wird kein Punkt vergeben.*

a) ☒ Nur B und D stehen im Text.

Hinweis: ***B:*** *Vgl. Z. 19–21.* ***D:*** *Vgl. Z. 175–177. Aus den Zeilen 19 f. geht hervor, dass Svetlana Assistentin der Geschäftsführung ist. Deshalb trifft* ***Aussage A*** *nicht zu. Auch* ***Aussage C*** *ist falsch, denn in den Zeilen 22–29 wird beschrieben, wie es Svetlana sanft und ganz ohne Druck gelingt, dem Pferd einen Plastikring überzustreifen.*

b) ☒ Nur B und C stehen im Text.

Hinweis: ***B:*** *Vgl. Z. 40 f.;* ***C:*** *Vgl. Z. 34–38;* ***Aussage A*** *trifft nicht zu, denn in den Zeilen 38 f. werden Pferde als Herdentiere beschrieben und können deshalb keine Einzelgänger sein. Auch* ***Aussage D*** *steht so nicht im Text. In den Zeilen 43 f. heißt es, dass die Tiere sich freiwillig demjenigen unterordnen, „dem sie Führung zutrauen".*

4. *Hinweis: Für jede richtige Zuordnung gibt es einen Punkt. Sind mehrere Möglichkeiten genannt, wird kein Punkt vergeben.*

Wissenschaftler	**Tierart**
Daniel Hanus	**D**
Marc Bekoff	**B**
Jorg Massen	**E**

Hinweis: Daniel Hanus/Affen: vgl. Z. 132–146; Marc Bekoff/Ratten: vgl. Z. 86–93; Jorg Massen/Raben: vgl. Z. 69–85.

5. *Hinweis: Es reicht, die Textsortenmerkmale in Stichworten zu nennen. Als Textbelege gelten Zitate, Zeilenangaben oder Umschreibungen, d. h. mit eigenen Worten wiedergegebene Aussagen. Für jedes richtig genannte und belegte Textmerkmal gibt es einen Punkt; ohne passenden Textbeleg wird kein Punkt vergeben.*

Mögliche Lösungen:

- Zweideutige Überschrift
  ***Hinweis:** Der Titel weist auf den Inhalt hin und weckt Interesse durch seine doppeldeutige Aussage. Der Begriff „Bürger" wird in der Regel auf menschliche Einwohner z. B. einer Stadt oder eines Landes angewendet. Die Reportage stellt die Ähnlichkeit im Verhalten von Menschen und Tieren dar und drückt das im Titel aus: Sowohl Menschen als auch Tiere sind „Bürger im Tierreich", wie es in ähnlicher Weise auch schon Darwin formulierte, als er den Menschen als „Tier unter Tieren" (Z. 59 f.) bezeichnete.*
- Vorspann/Teaser/Lead (Z. 1–4)
  ***Hinweis:** Der Vorspann oder Teaser dient als Orientierungshilfe und „Anreißer" für die Leser*innen, indem er in wenigen Sätzen einen Überblick über den Inhalt der Reportage vorausschickt.*
- Erlebnisorientierter/szenischer Einstieg (Z. 5–17)
  ***Hinweis:** Häufig beginnen Reportagen auf diese Art. Die Leser*innen werden „mitgenommen" in eine von der Autorin/dem Autor beobachtete Szene und damit auf lebendige Weise in die Thematik des Artikels eingeführt. Hier dient als szenischer Einstieg der Moment, in dem Svetlana mit der Reaktion des Pferdes konfrontiert wird und eine Entscheidung treffen muss.*
- Zahlen, Daten, Fakten, Erläuterungen als Hintergrundwissen (z. B. Z. 38–44, 53–60, 61–97, 110–115, 124–130, 134–151)
  ***Hinweis:** Reportagen sind anschauliche Hintergrundberichte, in denen die Beobachtungen und Eindrücke der Journalisten durch wissenschaftlich abgesicherte Daten und Fakten ergänzt werden.*
- Expertenmeinung (z. B. Z. 44–46, 98–107, 131–134, 183–186)
  ***Hinweis:** Die Autorin zitiert direkt oder indirekt die Äußerungen von Fachleuten zum Thema und untermauert damit die Ausführungen.*
- Autorenkommentar (z. B. Z. 13 f., 61 f., 75 f., 115 f., 142 f.)
  ***Hinweis:** Autoren und Autorinnen äußern ihre eigene Meinung oder Bewertungen meist so versteckt, dass man sie leicht überliest. Manchmal erkennt man ihre Haltung nur an einem einzigen Satz oder Adjektiv. Ein Beispiel dafür ist der Satz in Z. 61 f.: Die Autorin beschreibt die Erkenntnisse der Forscher als „erstaunlich" und drückt damit ihre persönliche Meinung dazu aus.*

- Wechsel der Zeitform (z. B. Präsens in Z. 6 ff.; Präteritum in Z. 15, 52, 142–151; Perfekt in Z. 54–56, 61 f.)

  Hinweis: *Es ist ein typisches Merkmal von Reportagen, dass sich die Darstellung von direkten Beobachtungen und Fakten im Präsens mit Berichtsteilen in den Formen der Vergangenheit abwechselt.*
- Zitate, direkte Rede (z. B. Z. 44–46, 105–107, 180–182, 184–186)

  Hinweis: *Durch die wörtlich übernommenen Äußerungen nicht nur von Experten, sondern auch von anderen Beteiligten werden dem Leser die unterschiedlichen Aspekte eines Themas auf lebendige Weise nahegebracht.*
- Fazit (Z. 183–186)

  Hinweis: *Die Reportage endet mit einem Zitat, das das Ergebnis der beschriebenen Beobachtungen und Forschungsarbeiten zusammenfasst.*

6. ***Hinweis:*** *Drei Punkte gibt es für eine zutreffende Erklärung des Stilmittels* **und** *seiner Wirkung. Wird nur das Stilmittel erklärt, gibt es einen Punkt, für die alleinige Erklärung der Wirkung im Textzusammenhang zwei Punkte.*

   Mögliche Lösung:
   Erklärung des Stilmittels: Wenn in zwei oder mehr aufeinanderfolgenden Sätzen die Reihenfolge der Satzglieder gleich ist, dann spricht man von einem Parallelismus.

   Wirkung: In den Zeilen 38–41 werden mit übereinstimmendem Satzbau und identischen Satzanfängen zwei Verhaltensmerkmale von Pferden beschrieben, die sich widersprechen: Als Herdentiere suchen Pferde zwar Nähe, gehen bei Bedrohung aber auch schnell auf Distanz. Durch die Ähnlichkeit im Satzbau und dieselbe Wortwahl am Satzanfang werden diese gegensätzlichen Eigenschaften besonders hervorgehoben.

7. a) ***Hinweis:*** *Bei dieser Aufgabe müssen Erklärung und Textstelle zusammenpassen, denn es gibt keine Teilpunkte. Fehlt der Textbezug, werden keine Punkte vergeben. Zitate, Zeilenangaben oder auch Umschreibungen einer Textstelle mit eigenen Worten gelten als Textbelege.*

   Mögliche Lösung:
   Das Zitat spielt auf die Textstelle in den Zeilen 23 bis 29 an. Dort wird beschrieben, wie es Svetlana gelingt, mit Ruhe und Geduld das Vertrauen des Pferdes zu gewinnen. Die Tiere reagieren also darauf, wie sich die Teilnehmer des Seminars ihnen gegenüber verhalten und wie sie sie behandeln. An der

Reaktion des Pferdes kann Svetlana ihr eigenes Verhalten wie in einem Spiegel sehen. Wenn sie in ihren Beruf zurückkehrt, kann sie diese Erkenntnisse im Umgang mit ihren Kolleginnen und Kollegen anwenden.

b) ✎ ***Hinweis:*** *Bei dieser Aufgabe sollst du erklären, in welcher Weise die Kurse den Seminarteilnehmern nützen, wenn sie wieder in ihren Berufsalltag zurückkehren und es nicht mehr mit Tieren, sondern mit Menschen zu tun haben. Für jede nachvollziehbare Darstellung mit Textbezug gibt es zwei Punkte. Fehlen der Textbezug oder die Erklärung, gibt es keine Punkte.*

Mögliche Lösungen:
- Z. 21–29: Svetlana entscheidet sich gegen Druck und Konfrontation und gewinnt das Vertrauen des Pferdes, indem sie geduldig bleibt und dem Tier die Zeit gibt, die es braucht. Auch im Umgang mit Kolleginnen und Kollegen kann man mit Geduld mehr erreichen, als wenn man Druck ausübt.
- Z. 30 f.: Es gibt wichtige Entscheidungen, die nicht allen gefallen. Dann ist Durchsetzungskraft gefragt. In manchen Situationen kommt es aber eher auf Kooperationsfähigkeit an. Deshalb sollte ein guter Chef oder eine gute Chefin beides besitzen und richtig einsetzen können.
- Z. 36–38: Führungskräfte müssen sich klarmachen, dass die Mitarbeiter*innen ihr Verhalten und ihre Entscheidungen wahrnehmen und bewerten.
- Z. 43 f.: Trauen Mitarbeiter*innen ihren Vorgesetzten die Führungsaufgaben nicht zu, dann nehmen sie diese nicht ernst und ordnen sich nicht unter.
- Z. 44 f.: Führungskräfte sollten aus den Reaktionen ihrer Mitarbeiter*innen Rückschlüsse auf ihr eigenes Verhalten ziehen.
- Z. 179 f.: „Pferde reagieren auf klare und einfache Botschaften.“ Wenn die Tiere also eine Anweisung nicht oder falsch verstanden haben, zeigen sie das durch entsprechende Reaktionen. Auch bei Menschen erleichtern eindeutige und verständliche Mitteilungen die Kommunikation und können Missverständnisse verhindern.

8. ✎ ***Hinweis:*** *Beim Erläutern sollst du mit eigenständigen Formulierungen eine komplizierte Aussage verständlich machen. Wenn dir das mithilfe einer passenden Textstelle gelingt, gibt es drei Punkte. Lässt du die Textstelle weg, werden noch zwei Punkte vergeben.*

Mögliche Lösung:
Das Zitat sagt aus, dass der Mensch mehr kann und weiß als die Tiere. Er vereinigt viele Fähigkeiten und Eigenschaften von Tieren in höher entwickelter Form in

sich. Ein Beispiel ist die kreative Problemlösefähigkeit von Orang-Utans (vgl. Z. 134–146). Sie zeigen intelligente Verhaltensweisen, die im beschriebenen Versuch sogar Menschenkindern überlegen waren. Trotz dieser Fähigkeiten und der genetischen Übereinstimmung (vgl. Z. 110–115) zwischen Mensch und Tier steckt aber „nicht der gesamte Mensch im Tier“ (Z. 185 f.), da der Mensch, z. B. durch die Entwicklung und Anwendung von Technik, eine weitaus höhere Evolutionsstufe erreicht hat als jedes noch so intelligente Tier. Auch das bewusste Handeln und Abschätzen von Konsequenzen ist bei Tieren nicht in gleicher Weise ausgeprägt.

Beispiele für alternative Textbelege:
- Auch wenn z. B. Hunde Symbolsprache verstehen können und Buschhäher ihre Zukunft planen (vgl. Z. 63 f.), so ist der Mensch den Tieren in diesen Dingen doch weit überlegen.
- Das Gleiche gilt für das Verhalten von Raben (vgl. Z. 69–85) oder Ratten (vgl. Z. 90–93), aus dem man zwar einen Sinn für Fairness und Moral ableiten kann, aber auf einem im Vergleich zum Menschen sehr einfachen Niveau.

9. ***Hinweis:*** *Du kannst der Behauptung „Menschen können Tiere sein“ zustimmen, sie ablehnen oder eine abwägende Haltung dazu formulieren. Wenn du deine Position nachvollziehbar begründest, gibt es drei Punkte. Teilpunkte werden nicht vergeben.*

Mögliche Lösungen:
Zustimmung: Ich stimme dieser Behauptung zu, denn besonders in kritischen Situationen zeigt sich, dass Menschen instinktiv reagieren können. Dazu gehören z. B. Fluchtreflexe und Abwehrreaktionen, wenn Menschen sich bedroht fühlen. Auch bestimmte menschliche Verhaltensweisen im Zusammenhang mit der Partnerwahl (Imponiergehabe) ähneln sehr den Mechanismen im Tierreich.

Ablehnung: Dieser Aussage kann ich nicht zustimmen, denn Menschen sind den Tieren auf allen Gebieten weit überlegen. Zwar gibt es viele Tiere, die z. B. besser sehen oder hören können als wir, doch durch technische Entwicklungen kann dies mehr als ausgeglichen werden. Auch für die menschlichen Errungenschaften im geistigen und kulturellen Bereich, also Wissenschaft, Kunst, Musik und Literatur, gibt es im Tierreich nichts Vergleichbares.

Teil II: Schreiben

II.A: Textproduktion

a) *Hinweis: In einem **Bericht** werden sachlich und neutral die wichtigsten Aspekte eines wahren Ereignisses dargestellt. Das Ereignis liegt in der Vergangenheit, deshalb verwendet man die Zeitformen Präteritum und Plusquamperfekt (Ausnahme: Zitate von Beteiligten). Ein Bericht enthält keine Kommentare des Verfassers, also weder Bewertungen noch Meinungen oder Gefühlsäußerungen. Bei dem Bericht, den du verfassen sollst, ist die Zielgruppe in deinem Alter, entsprechend musst du deine Formulierungen an die jugendliche Leserschaft anpassen.*
***Aufbau/Inhalt:** Die **Überschrift** soll zum Inhalt passen und die Leser*innen auf den Bericht aufmerksam machen. In der **Einleitung (Lead)** wird in ein bis zwei Sätzen das Wichtigste zusammengefasst. Der **Hauptteil** beantwortet die W-Fragen (z. B.: Was ist wann und wo passiert? Wer ist beteiligt? Wie/warum/womit ist es passiert? Welche Folgen ergeben sich aus dem Ereignis? Welche Quellen wurden zum Schreiben des Berichts verwendet?). Im **Schlussteil** ziehst du ein Fazit, d. h., du fasst zusammen, ob euer Projekt erfolgreich war oder nicht, und formulierst einen kurzen Ausblick auf weitere geplante Projekte. Achte darauf, dass du in deinem Bericht auf alle in der Aufgabenstellung genannten Punkte eingehst.*
***Sprachliche Gestaltung:** Hierzu gehören die richtige Verwendung der Zeitformen, treffende Formulierungen, passende Wortwahl, abwechslungsreicher Satzbau und Vermeidung von Wiederholungen.*
*Die Punkte für die **Sprachrichtigkeit** werden mithilfe des Fehlerindex errechnet (Rechtschreibung und Grammatik: ganze Fehler; Zeichensetzung: halbe Fehler).*

Tierisch gut drauf

treffende Überschrift

Mit Füttern und Streicheln, Ausmisten und Gassigehen haben sich Schüler*innen der Bertha-von-Suttner-Schule im Hanauer Tierheim ehrenamtlich engagiert und dabei nicht nur Gutes getan, sondern auch tierische Freundschaften geschlossen.

Einleitung/Lead
kurze Zusammenfassung der wichtigsten Informationen

Die Idee, eine Tierschutz-AG ins Leben zu rufen, hatte Frau Dr. W. Sittich vom Fachbereich Biologie an der Nidderauer Gesamtschule, nachdem sie mit einer fünften Klasse einen Ausflug in das Tierheim der Nachbarstadt Hanau durchgeführt hatte. Die Schüler*innen erlebten, wie die Tiere dort zwar sehr gut versorgt wurden, aber wenig Zuwendung bekamen, weil das Personal nicht genug Zeit zum Kuscheln mit den Katzen oder zum Spazierengehen mit den Hunden hatte.

Hauptteil
Anlass/Gründung der AG (was, wann, wo, wer, warum)

Frau Sittich fragte bei der Tierheimleitung an, ob sie eine AG mit Kindern und Jugendlichen unterstützen würde, die regelmäßig zum Tierheim kämen. Die Leiterin freute sich sehr über das Angebot und sagte zu, nachdem sie mit ihren Mitarbeiter*innen gesprochen hatte. Auch die Schulleitung gab grünes Licht, und so startete die Tierschutz-AG zu Beginn des vergangenen Schuljahres mit 25 Schüler*innen aus verschiedenen Jahrgängen.

Zum ersten Treffen kam Fabian Hase, ein Mitarbeiter des Tierheims, den Frau Sittich eingeladen hatte, in die Schule. Gemeinsam mit Herrn Hase erarbeiteten die AG-Mitglieder einen Plan, wer von den Schüler*innen zu welchen Zeiten nach Hanau fahren würde. Da sie von den Tierheimmitarbeiter*innen in die verschiedenen Aufgaben eingewiesen und in der ersten Zeit auch betreut werden mussten, konnten nicht alle auf einmal kommen. Auch die Busfahrzeiten nach Hanau und der Nachmittagsunterricht einiger Schüler*innen wurden bei der Planung berücksichtigt. An jedem Wochentag sollten jeweils fünf AG-Mitglieder nach Hanau fahren und zwei Stunden im Tierheim arbeiten.

Organisation / Ablauf (wie / womit)

- Planung der Einsätze

Schon in der darauffolgenden Woche ging es los. Am ersten Nachmittag sollten die fünf Jugendlichen im Tierheim beim Ausmisten der Kaninchenställe helfen und die Katzenboxen reinigen. Zur Belohnung für diese eher unbeliebten Arbeiten durften sie anschließend unter Aufsicht einer Tierheimmitarbeiterin mit den Hunden am Main spazieren gehen. Das machte ihnen großen Spaß, denn zwei der Hunde waren so gut erzogen, dass sie nicht an die Leine mussten und die Kinder mit ihnen auf den Wiesen herumtoben und spielen durften.

Durchführung

- Reinigungsarbeiten
- Gassi gehen

Regelmäßig besuchte Frau Dr. Sittich die Schüler*innen, unterstützte sie bei Problemen und klärte Unstimmigkeiten, die manchmal zwischen den Jugendlichen und Mitarbeitern des Tierheims entstanden. Auch wenn jemand den Bus verpasst hatte, war sie zur Stelle.

- Aufgaben der AG-Leiterin

Es dauerte nicht lange, bis alle AG-Mitglieder mit den verschiedenen Arbeiten und Aufgaben im Tierheim vertraut und

Folgen

eine echte Hilfe für die Mitarbeiter*innen waren. Einige befreundeten sich mit ihren vierbeinigen Schützlingen sogar so sehr, dass sie den ehrenamtlichen Einsatz freiwillig ausdehnten und auch am Wochenende zum Streicheln, Füttern und Gassigehen nach Hanau fuhren.

Alle AG-Teilnehmer*innen hielten bis zum Ende des Schuljahres durch und absolvierten ihre Einsätze. So war die Tierschutz-AG insgesamt ein sehr großer Erfolg. Auch Frau Dr. Sittich und Fabian Hase waren begeistert und kündigten an, das gemeinsame Projekt im kommenden Schuljahr fortsetzen zu wollen.

Schluss
positives Fazit
Ausblick

b) ***Hinweis:*** *Die Vor- und Nachteile der Haltung von Tieren in zoologischen Gärten sollen jeweils mit Begründung und Beispiel gegeneinander abgewogen werden (**Argumentation/Erörterung**). Es ist bei dieser Aufgabenstellung hilfreich, die Argumente zunächst in einer Pro-Kontra-Tabelle stichwortartig aufzulisten und zu gewichten.*
*Die **Einleitung** greift, z. B. mit einer allgemeinen Beobachtung, das Thema auf und führt mit der aus der Aufgabenstellung abgeleiteten Fragestellung zum Hauptteil hin. Im **Hauptteil** stellst du die Argumente für und gegen die Zootierhaltung einander gegenüber. Jedes deiner Argumente verdeutlichst du mit einem anschaulichen Beispiel. Im **Schlussteil** legst du deine eigene Meinung dar und fasst das Ergebnis deiner Argumentation zusammen oder wiederholst das stärkste Argument aus dem Hauptteil.*
*Beachte, dass nicht nur **Aufbau und Inhalt** in die Bewertung mit einfließen, sondern auch die **Sprachangemessenheit** (richtige Verwendung der Zeitform, treffende Formulierungen, passende Wortwahl, abwechslungsreicher Satzbau, Vermeidung von Wiederholungen) sowie die **Sprachrichtigkeit** (Fehler in Rechtschreibung und Grammatik zählen als ganze, in der Zeichensetzung als halbe Fehler).*

Ideenliste/Stoffsammlung:

Wilde Tiere vor der Haustür – hat der Zoo eine Zukunft?	
Nachteile	**Vorteile**
Zoohaltung ist nicht artgerecht	exotische Tiere live erleben
Eingriff in natürliche Abläufe	bedrohte Tierarten werden geschützt
ein falsches Bild von Natur wird vermittelt	Bildung und Forschung

Wilde Tiere vor der Haustür – hat der Zoo eine Zukunft?

Überschrift

Fast jeder erinnert sich gerne an die Tage in seiner Kindheit, an denen ein Familienausflug in den Zoo stattfand. Von Tierschützern wird aber immer wieder die Forderung laut, zoologische Gärten zu verbieten. Welche Vor- und Nachteile hat die Haltung von Tieren im Zoo?

Einleitung
persönlicher Bezug

Fragestellung

Das wichtigste Argument gegen zoologische Gärten ist die Tatsache, dass es besonders bei großen Tieren kaum möglich ist, sie in zoologischen Gärten artgerecht zu halten, weil der benötigte Platz fehlt. So brauchen z. B. Großkatzen ausgedehnte Reviere, um ihrem Bewegungsdrang und ihrem Jagdbedürfnis zu folgen. Zusätzlich ist es schwer, den klimatischen Ansprüchen vieler Tiere so gerecht zu werden, dass sie sich „wie zu Hause“ fühlen können. Das betrifft sowohl die Tiere der tropischen Zone wie Elefanten und Erdmännchen als auch die Bewohner der Arktis und Antarktis wie Eisbären und Pinguine.

Hauptteil
Nachteile der Zootierhaltung
Erstes Argument: keine artgerechte Haltung möglich
- Platzbedarf
- Klima

Gegen die Zootierhaltung spricht auch, dass sie einen Eingriff in natürliche Abläufe bedeutet. Die Rundumbetreuung durch Pfleger und Tierärzte stellt sicher, dass die Tiere satt sind und gesund bleiben. Dabei verlernen sie aber, mit Hunger, Krankheiten oder Verletzungen zurechtzukommen. Außerdem gewöhnen sich die Tiere an die Tagesabläufe, die an die Öffnungszeiten des Zoos angepasst sind. Die Seelöwen wissen z. B. ganz genau, wann die Fütterungsshow beginnt. Aufgrund dieser Regelmäßigkeit sind Zootiere eigentlich gar keine „wilden“ Tiere mehr.

Zweites Argument: Eingriff in natürliche Abläufe
- durch Versorgung
- durch geregelten Tagesablauf

Dazu passt auch das dritte Argument gegen die Haltung von Tieren im Zoo. Durch das Nebeneinander verschiedener Gehege und Raubtieranlagen kann bei den Besuchern die Vorstellung entstehen, dass z. B. Zebras und Kamele oder Schimpansen und Orang-Utans in benachbarten Lebensräumen zu Hause sind. Auch die Tatsache, dass viele Käfige überbelegt sind oder den Tieren den Zoobesuchern zuliebe keine Versteckmöglichkeiten angeboten werden, vermittelt ein falsches Bild von Natur.

Drittes Argument: ein falsches Bild von Natur wird vermittelt

Trotz dieser Einwände gegen die Tierhaltung in Zoos gibt es auch viele Argumente, die für zoologische Gärten sprechen.

Überleitung zu den **Vorteilen**

Nur in Zoos hat man Gelegenheit, Tieren ferner Weltgegenden real zu begegnen. Selbst wenn ein Gitter oder eine Glasscheibe Tier und Zoogast trennt, ist das Betrachten z. B. eines Tigers, eines Flusspferdes, einer Giraffe oder eines Krokodils immer ein echtes Erlebnis, das kein noch so guter Dokumentarfilm ersetzen kann.

Erstes Argument: exotische Tiere „live" erlebbar

Für Zoos spricht auch, dass sie bedrohten Tierarten eine Überlebensmöglichkeit bieten und der Arterhaltung dienen. Weil durch massive Eingriffe in die Natur vielen Tieren der Lebensraum entzogen wird, geht ihr Bestand massiv zurück. Ein Beispiel ist der Orang-Utan, dessen Lebensraum „Urwald" für Palmölplantagen abgeholzt wird. Andere Tierarten wie Elefanten und Nashörner sind bedroht, weil Wilddiebe sie wegen ihrer Zähne bzw. Hörner rücksichtslos abschlachten. Durch die Weiterzucht und das spätere Auswildern bedrohter Arten stellen Zoos eine Art „Arche Noah" für gefährdete Tierarten dar.

Zweites Argument: Arterhaltung/Schutz bedrohter Tierarten

- Lebensraum schwindet
- Wilderei
- Nachzucht bedrohter Arten

Das wichtigste Argument für die Wildtierhaltung im Zoo jedoch ist die damit verbundene Möglichkeit, einen unmittelbaren Bezug zur belebten Natur herzustellen und sich unserer Verantwortung für Tier- und Naturschutz bewusst zu werden. In modernen Zooanlagen werden nicht einfach nur Tiere ausgestellt, sondern zusätzlich eine Fülle von Informationen über ihre Biologie, ihre Ökologie und ihre aktuelle Situation vermittelt. Damit sind Zoos ein elementarer Bestandteil der Umweltpädagogik. Gleichzeitig können Wissenschaftler an

Drittes Argument: Zoos als Orte für Bildung und Forschung

Zootieren wichtige Erkenntnisse z. B. im Bereich der Tiermedizin oder der Verhaltensforschung gewinnen und damit die Tiere in der freien Wildbahn besser verstehen und ihren Lebensraum gezielter schützen.

Meiner Meinung nach sollte es gerade deshalb auch weiterhin möglich sein, Wildtiere in Zoos zu halten. Es gibt kaum eine bessere Möglichkeit, auf vergleichbar unmittelbare Weise die Vielfalt der Natur kennenzulernen und sich unsere Verantwortung für das Ökosystem Erde bewusst zu machen.

Schluss

Fazit/eigene Meinung

Bekräftigung des wichtigsten Arguments

II.B: Sprachliche Richtigkeit

1. ***Hinweis:*** *Falls du mehr als zwölf Fehler markierst, werden nur die ersten zwölf gewertet. Für fehlerhafte Korrekturen gibt es keinen Punkt.*

Sollen Astronauten künftig längere Zeit auf dem Mars überleben, dann müssen sie die auf unserem Nachbarplaneten vorhandenen ~~Resourcen~~ **Ressourcen**[1] nutzen. Zu diesen gehört auch der Marsboden, ein normalerweise eher ~~lebensfeintliches~~ **lebensfeindliches**[2] Material. Doch reichert man ihn mit irdischen Bodenbakterien und organischem Dünger an**, (fehlendes Komma)**[3] können irdische Pflanzen auch auf Marsboden wachsen, wie Experimente belegen. Doch für eine erfolgreiche Pflanzenzucht auf dem weit entfernten Planeten könnten noch weitere Helfer wichtig werden, ~~nähmlich~~ **nämlich**[4] Regenwürmer. Sie fressen größere organische Reste auf und scheiden sie ~~aufgeschloßen~~ **aufgeschlossen**[5] und zerkleinert ~~wider~~ **wieder**[6] über ihren Kot aus. Viele Nährstoffe werden erst dadurch für die Pflanzen verfügbar. Zudem sorgen die Regenwürmer dafür**, (fehlendes Komma)**[7] dass der Boden durchlässig wird und Wasser richtig ~~einsikern~~ **einsickern**[8] kann. Um vergleichbare Bedingungen analog zum Marsboden zu schaffen**, (fehlendes Komma)**[9] nutzten Forscher den ähnlich unfruchtbaren Sand vom Vulkan Mauna Loa auf Hawaii. Sie veränderten ihn chemisch, um ihn dem Sand auf dem Marsboden ähnlicher zu machen. Die Forscher reicherten den Sand mit Erdbakterien und organischem Dünger an und ~~sezten~~ **setzten**[10] dann darin Regenwürmer frei. Während auf diesem Marsboden Salatpflanzen heranwuchsen, ~~tumelten~~ **tummelten**[11] sich im Untergrund die Würmer. Nach einigen Wochen kontrollierten die Forscher den Zustand der wurmigen Erdarbeiter. Die Regenwürmer hatten den Aufenthalt im nachgebildeten Marsboden nicht nur bestens überstanden, sie hatten sich sogar ~~vermert~~ **vermehrt**[12].

Nach: www.scinexx.de (abgerufen am 07. 03. 2018).

Hinweis: ***1)*** *Ressourcen – Fremdwort aus dem Französischen, bedeutet so viel wie „Bestand, Vorräte, Reserven".* ***2)*** *lebensfein**d**lich – Wortbestandteil „Feind"; durch Pluralbildung/Wortverlängerung (Fein**de**) wird die Schreibweise deutlich.* ***3)*** *Komma zwischen Haupt- und adverbialem Nebensatz (Konditionalsatz), auch wenn hier durch die besondere Satzstellung die einleitende Konjunktion „wenn" oder „falls" fehlt.* ***4)*** ***näm**lich – abgeleitet von „Name", deshalb ohne „h".* ***5)*** *aufgeschlo**ss**en – Der stimmlose s-Laut wird nach einem kurz gesprochenen Vokal „ss" geschrieben.* ***6)*** *w**ie**der – Die Schreibweise mit „ie" wird verwendet, wenn ein Vorgang sich ein oder mehrere Male w**ie**derholt.* ***7)*** *Komma zwischen Haupt und Nebensatz; der Nebensatz ist an der einleitenden Konjunktion „dass" erkennbar.* ***8)*** *einsi**ck**ern – Der k-Laut wird nach kurz gesprochenem Vokal in der Regel als „ck" geschrieben. Das „ck" ist dem Doppelkonsonanten „kk" gleichzusetzen, den es im Deutschen aber nur bei sehr wenigen (Fremd-)Wörtern gibt (z. B. Akkord).* ***9)*** *Komma zwischen Hauptsatz und adverbialem Nebensatz, in diesem Fall einem Finalsatz, der einen Zweck oder ein Ziel beschreibt. Finalsätze können sowohl mit der Konjunktion „damit" als auch mit der Infinitivkonstruktion „um … zu" gebildet werden.* ***10)*** *se**tz**ten – Präteritum von „setzen"; „tz" nach kurzem, betontem Vokal.* ***11)*** *tu**mm**elten – Doppelkonsonant nach kurz gesprochenem Vokal.* ***12)*** *verme**h**rt – von „mehr" im Sinne von „zusätzlich", „öfter", „eine größere Menge"(vgl. Mehrheit, mehrfach, mehrmals, immer mehr).*

2. ***Hinweis:*** *Markiere nur vier Wörter, denn sonst wird deine Lösung nicht gewertet.*

   b) Rund ein [viertel] der Schuhe in den Regalen gefiel ihm sehr gut.

   Hinweis: *Bruchzahlwörter, die als Nomen verwendet werden, schreibt man groß, hier erkennbar an dem unbestimmten Artikel „ein".*

   c) Am besten fand er das leuchtende [blau] eines bestimmten Paares.

   Hinweis: *Dass das Adjektiv „blau" hier zum Nomen wird, erkennst du an dem Artikel „das" und dem Fehlen eines dazugehörigen Nomens. (Vgl. hingegen: Die Schuhe waren leuchtend blau.)*

   f) Er leistete sich wenig [neues], aber neue Sachen waren nötig.

   Hinweis: *Mengenangaben wie „wenig", „alles", „viel", „nichts" sind Signale für ein darauffolgendes nominalisiertes Adjektiv und haben somit die* *gleiche Funktion wie ein Artikel, z. B.: Ich wünsche dir* ***alles Gute*** *zum Geburtstag. In der Zeitung stand* ***nichts Neues****. In seiner Kindheit hat er* ***viel Schlimmes*** *erlebt.*

k) Sie hatte seine Turnschuhe ein Paar Mal selbst zum Feiern getragen.

Hinweis: *Wird das Wort „paar" im Sinne von „mehrfach, einige" gebraucht, schreibt man es klein. Bei einem „Paar" hingegen handelt es sich immer um zwei Menschen oder Dinge, die zusammengehören, z. B.: Sie sind ein Paar. Er kauft sich ein Paar Schuhe.*

3. ***Hinweis:*** *Schreibweise* ***und*** *Wortart müssen richtig sein, um jeweils einen Punkt zu bekommen. Halbe Punkte werden nicht vergeben.*

Denkt man an bahnbrechende Erfindungen, fällt einem beispielsweise **das (A)**[1] aus der modernen Welt nicht mehr wegzudenkende Telefon ein, **das (R)**[2] seit dem ersten Drittel des 19. Jahrhunderts bis heute weiterentwickelt wurde. **Dass (K)**[3] diese Erfindung zunächst mit einer hölzernen Ohrmuschel begann, die der Mathematik- und Physiklehrer Philipp Reis (1834–1874) mit einer Wursthaut verklebte, ist erstaunlich. **Das (D)**[4] überzeugte den physikalischen Verein, dem er seine Erfindung 1861 vorführte, allerdings nicht. Wahrscheinlich lag es daran, **dass (K)**[5] die Qualität der übertragenen Töne noch sehr schlecht war.

Nach: https://www.wasistwas.de/archiv-technik-details/die-erfindung-des-telefons.html (abgerufen am 21. 03. 2018).

Hinweis: 1) *Der Artikel gehört zu dem Nomen „Telefon".* ***2)*** *Auf das Nomen „Telefon" bezieht sich auch das Relativpronomen, das den darauffolgenden Nebensatz einleitet.* ***3)*** *Die Konjunktion „dass" leitet hier einen Nebensatz ein, der dem Hauptsatz vorangestellt ist; erkennbar ist der Nebensatz daran, dass das Prädikat „begann" am Satzende steht.* ***4)*** *Demonstrativpronomen, ersetzbar mit „dies". „Das" ist hier kein Artikel, da es kein unmittelbar folgendes Nomen gibt, und kein Relativpronomen, da es sich auf kein vorausgehendes Nomen zurückbezieht.* ***5)*** *Die Konjunktion „dass" leitet hier einen Nebensatz ein, der inhaltlich von dem vorausgehenden Hauptsatz abhängig ist. Für Klarheit sorgt die Ersatzprobe: Kann man „das" mit „dies/dieses/welches/jenes" sinnvoll ersetzen? Ist das nicht der Fall, handelt es sich um eine Konjunktion.*

4. *Hinweis: Für jede richtige Zuordnung wird ein Punkt vergeben.*

Satz	Begründung
Paul sammelt altes Blechspielzeug, antike Münzen und urzeitliche Fossilien.	D
Er rechnet nicht mehr damit, doch er hofft auf eine Nachricht.	A
Die Hose, die er sich aussucht, ist kariert.	B
Wir fragen uns, ob sie uns ins Kino begleiten wird.	B
Sie fährt nicht mit dem Auto, sondern sie wählt den Bus.	A

Hinweis: Satz 1: *Sind die einzelnen Wörter oder Wortgruppen einer Aufzählung nicht durch „und“ oder „oder“ verbunden, wird ein Komma gesetzt.*
Satz 2: *Da „doch“ eine nebenordnende Konjunktion ist, handelt es sich hier um zwei eigenständige Hauptsätze, die durch ein Komma getrennt werden. Dass in dieser Konstruktion kein Nebensatz enthalten ist, erkennst du daran, dass in beiden Sätzen das Prädikat an zweiter Stelle steht. Dagegen ist ein Erkennungszeichen des Nebensatzes das endständige Prädikat.*
Satz 3: *Der Relativnebensatz wird von dem Relativpronomen „die“ eingeleitet. Er ist in den Hauptsatz eingebettet und wird am Anfang und am Ende durch ein Komma von ihm abgetrennt.*
Satz 4: *Auch hier handelt es sich um ein Satzgefüge, also eine Verbindung von Hauptsatz und Nebensatz. Den Nebensatz (indirekter Fragesatz) erkennt man an der Konjunktion „ob“.*
Satz 5: *Wie im zweiten Satz sind auch hier zwei Hauptsätze durch ein Komma getrennt. Der zweite Hauptsatz wird durch die nebenordnende Konjunktion „sondern“ eingeleitet.*

Abschlussprüfung Deutsch an Realschulen in Hessen 2020
Text 1

Teil I: Lesen

Hinweis: *In den Aufgaben 1 bis 3 ist von den vier Antwortmöglichkeiten immer nur eine Lösung richtig. Sind mehrere Möglichkeiten angekreuzt, wird kein Punkt vergeben.*

1. a) ☒ im Wald

   Hinweis: *Z. 5 f.: „Gerne wäre ich auch Förster geworden […].“*

   b) ☒ in einer Spielzeugfabrik.

   Hinweis: *Z. 16 f.: „Und ich wurde Pförtner in einer Spielzeugfabrik.“*

   c) ☒ zu langsam.

   Hinweis: *Z. 122 ff.: „Ich arbeitete zu langsam […] das muss ich hören.“*

   d) ☒ am nächsten Tag

   Hinweis: *Z. 168 f.: „[…] denn für morgen bin ich zum Personalchef geladen.“*

   e) ☒ durch einen Bewerber.

   Hinweis: *Z. 178 f.: „Er bewerbe sich um die ausgeschriebene Pförtnerstelle, sagte er.“*

2. a) ☒ andere zufriedenstellen.

   Hinweis: *Diese Formulierung bedeutet, dass man sich bemüht, alle Erwartungen zu erfüllen und ihnen damit ge**recht** zu werden.*

   b) ☒ niemanden unhöflich zu behandeln.

   Hinweis: *Die Redewendung „vor den Kopf stoßen“ veranschaulicht, dass verbale Grobheiten oder Beleidigungen genauso schmerzen können wie ein körperlicher Angriff, also ein Stoß vor bzw. gegen den Kopf.*

c) ☒ jemandem seine Meinung zu verbieten.

Hinweis: Auch diese als Redensart gebräuchliche Metapher dient zur Veranschaulichung: Mit einem verstopften oder zugestopften Mund kann man nicht reden und damit auch nicht seine Meinung äußern.

3. ☒ Nur B und D treffen zu.

***Hinweis: A:** Als Protagonisten bezeichnet man die Hauptfiguren innerhalb einer Erzählhandlung. Text 1 beschreibt fast ausschließlich die Gedanken und Beobachtungen des Pförtners aus der Ich-Perspektive, erst am Ende kommt mit dem Bewerber eine zweite Person hinzu. Deshalb ist Antwort A nicht richtig. **B:** Antwort B trifft zu, denn es wird nicht eindeutig gesagt, ob der Pförtner seine Stelle behält oder nicht. Damit kann man den Schluss der Geschichte als offenes Ende bezeichnen. **C:** Es gibt nur einen einzigen Handlungsort, nämlich die Pförtnerloge. **D:** Der Ich-Erzähler beginnt im Präteritum, als er von seinen früheren Berufsvorstellungen erzählt (Z. 3–8). Dann verwendet er unvermittelt das Präsens (Z. 9–14), kurz darauf das Perfekt (Z. 22), um sofort über das Präsens (Z. 23) erneut ins Präteritum zu wechseln (Z. 24). Dieser Zeitformenwechsel zieht sich durch den gesamten Text, deshalb ist Antwort D richtig.*

4. ***Hinweis:** Für die richtige Erklärung des Stilmittels gibt es einen Punkt. Kannst du dazu noch die Wirkung der Parenthesen im Textzusammenhang verdeutlichen, gibt es zwei weitere Punkte. Der Textverweis kann als Zitat, Umschreibung oder auch nur als Zeilenangabe erfolgen.*

Mögliche Lösung:
Erklärung des Stilmittels: Wenn ein Satz durch einen Einschub mithilfe von Gedankenstrichen, Klammern oder Kommas unterbrochen wird, bezeichnet man das als Parenthese.

Wirkung:
Da sie den Satz unterbrechen, werden die in Parenthese stehenden Äußerungen hervorgehoben und bekommen damit eine besondere Bedeutung. In Zeile 97 f. betont der Ich-Erzähler die seiner Ansicht nach wichtige Rolle seiner Position als Pförtner: Er sieht sich als Stellvertreter der Geschäftsführer. Diese Aussage wird durch die zweite Parenthese in Z. 102 gesteigert: Als Pförtner hat er eine Fürsorgepflicht gegenüber seinen Vorgesetzten, die ohne ihn wehrlos den Besuchern ausgeliefert wären.

5. *Hinweis: Es genügt, die Aufgaben des Pförtners in Stichworten zu nennen, d. h. aufzuzählen. Du kannst zitieren oder mit eigenen Worten die Aufgaben formulieren. Zeilenverweise oder Textbelege sind dabei nicht notwendig.*

Mögliche Lösungen:
- Türen öffnen (Z. 26 f.)
- telefonieren (Z. 29 ff.)
- Fragen beantworten/Auskünfte geben (Z. 33 ff., Z. 57 f.)
- Besucher bei Vorgesetzten anmelden (Z. 40 ff.; Z. 174 f.)
- die Reaktion der Vorgesetzten deuten und die Besucher gegebenenfalls höflich abweisen (Z. 62–67)
- die Vorgesetzten vor unerwünschten Besuchern schützen (Z. 101 ff.)
- der Anordnung der Direktion Folge leisten, Besucher höflich zu behandeln (Z. 133 ff.)

6. *Hinweis: Beim Zitieren geht es darum, passende Textstellen aufzufinden, sie richtig abzuschreiben und mit Anführungsstrichen und Zeilenangaben zu versehen. Erklären musst du die Textstellen nicht. Fehlen Zeilenangaben oder Anführungsstriche, gibt es jeweils einen halben Punkt weniger.*

Mögliche Lösungen:
- „Und jeder im Haus glaubt, er sei der Vorgesetzte des Pförtners. Der Pförtner hat keine Kollegen, er hat nur Vorgesetzte." (Z. 42 ff.)
- „Aber die in den Büros sind so empfindlich, dass sie oft schon durch eine telefonische Anfrage in schreckliche Erregung versetzt werden können […]." (Z. 48–52)
- „[…] der feinnervige und hochbezahlte Herr aus dem Büro […]" (Z. 59 f.)
- „[…] des Pförtners Aufgabe ist es, diesen Wutschrei des gestörten Herrn sofort zu übersetzen […]" (Z. 62 f.)
- „Ich prüfe die Besucher selbst und entscheide, ob sie mit Recht verlangen, […] mit einem der Direktoren oder dem Personalchef sprechen zu dürfen." (Z. 71–77)
- „[…] die leitenden Persönlichkeiten unserer Firma – sie sind ja die verletzlichsten […]" (Z. 101 f.)
- „Leider wird dies von eben diesen Herrn überhaupt nicht bemerkt. Vor allem verstehen diese Persönlichkeiten nicht, dass ich Zeit brauche, um die einzelnen Besucher […] von der Nutzlosigkeit ihrer Besuche zu überzeugen." (Z. 103–108)

7. a) *__Hinweis:__ Beim Herausarbeiten sollen Informationen aus dem Text abgeleitet und mit eigenen Worten beschrieben werden, die darin nicht ausdrücklich formuliert sind. Im vorliegenden Fall erkennen die Leser*innen durch die Schilderungen des Pförtners dessen anmaßendes Verhalten. Der Pförtner selbst bewertet seine Kompetenzüberschreitungen natürlich ganz anders, weil er sie auf seine Weise als positiv für die Firma definiert.*
Für die zutreffende Herausarbeitung anhand einer passenden Textstelle gibt es drei, ohne Textverweis nur einen Punkt. Wird nur eine Textstelle genannt und nicht bezüglich der Aufgabenstellung interpretiert, gibt es keinen Punkt.

Mögliche Lösungen:
- Z. 70–77: Der Pförtner beschreibt, wie er mit den Besuchern umgeht. Er befragt sie und entscheidet dann, ob ihr Anliegen sie berechtigt, eingelassen zu werden. Seine Aufgabe ist es aber, die Besucher in den Abteilungen oder bei den Personen anzumelden, zu denen sie möchten. Es steht ihm nicht zu, eigenmächtig zu entscheiden, wer in die Fabrik darf und wer nicht.
- Z. 79–96: Ohne seine Vorgesetzten zu informieren, fragt der Pförtner die Besucher aus. In den meisten Fällen überzeugt er sie anschließend von der Sinnlosigkeit ihrer Sache und schickt sie weg. Dabei kann er in seiner Position gar nicht wissen, welche Bedeutung das jeweilige Anliegen für den Besucher oder die Firma hat. Er nimmt also Befugnisse für sich in Anspruch, die nur seinen Vorgesetzten zustehen.
- Z. 97–103: An dieser Textstelle wird die Selbstüberschätzung des Pförtners deutlich und die übersteigerte Bedeutung, die er seiner Funktion zuschreibt. Er sieht sich als Vertreter aller „leitenden Herrn des Hauses“ und ist der Überzeugung, dass die steigenden Umsätze der Firma unter anderem der Hartnäckigkeit zu verdanken sind, mit der er seine Vorgesetzten „vor lästigen Besuchern schütze“.

b) *__Hinweis:__ „Erläutern“ heißt, dass komplizierte und manchmal nicht sofort offensichtliche Sachverhalte aus dem Text klargestellt werden sollen. Hier kommt es also auf dein Textverständnis an, weil man die Antwort auf die Frage aus dem Zusammenhang der Geschichte selbst ableiten muss. Achte darauf, dass du den Sachverhalt anhand von __zwei__ Textstellen erläutern sollst. Für jede schlüssige Erläuterung mit Bezug auf eine Textstelle (Zeilenangabe, Umschreibung oder Zitat) werden zwei Punkte vergeben. Fehlt der Textverweis, gibt es nur noch einen Punkt, das bloße Nennen oder Zitieren einer Textstelle hingegen wird mit null Punkten bewertet.*

Mögliche Lösungen:

- Z. 48–69: Der Pförtner rechtfertigt sein Handeln damit, dass der von einer Besucheranmeldung möglicherweise gestörte Vorgesetzte ihn durchs Telefon anschreien und damit aus der Fassung bringen könnte. Dann wäre er nicht mehr in der Lage, den Besucher in angemessener Form abzuweisen. Um eine solche Situation gar nicht erst entstehen zu lassen, fertigt er die Besucher an der Pforte ab und meldet sie nicht an.
- Z. 79–90: Der Pförtner ist überzeugt davon, dass er sich durch seine spezielle Fragetechnik, mit der er den Anliegen der Besucher auf den Grund geht, sehr viel Hintergrundwissen über die Belange der Firma angeeignet hat. Deshalb blockt er die nach seiner Meinung überflüssigen Besucher ohne schlechtes Gewissen ab und rechtfertigt seine Entscheidungen damit, zum Wohl der Firma zu handeln.
- Z. 97–103: Der Pförtner sieht sich als Stellvertreter der Geschäftsleitung, die er vor lästigen Besuchern schützen muss. Die rasch steigenden Umsätze der Firma führt er auf sein Handeln zurück, weil er dafür sorgt, dass die leitenden Personen der Fabrik in Ruhe arbeiten können.
- Z. 120–127: Wegen der Methode des Pförtners häufen sich die Beschwerden innerhalb der Firma. Dennoch ist der Pförtner davon überzeugt, richtig zu handeln und rechtfertigt sich damit, dass die Mitarbeiterinnen und Mitarbeiter keine Ahnung von seinem Beruf hätten.
- Z. 127–133: Seiner Ansicht nach handelt er als Pförtner ausschließlich zum Wohl der Firma. Würde er die Besucher „kurz und barsch abfertigen“, statt sie in lange Gespräche zu verwickeln, würde das dem Ruf der Firma schaden.

8. ***Hinweis:** Zum Operator „herausarbeiten“ siehe Hinweis zu Aufgabe 7 a. Für die volle Punktzahl müssen **zwei verschiedene Situationen** schlüssig herausgearbeitet werden, für die es jeweils drei Punkte gibt. Der Textbezug kann als Zitat, Zeilenverweis oder Umschreibung erfolgen. Das bloße Nennen oder Zitieren einer Textstelle wird nicht bewertet.*

Mögliche Lösungen:

- Z. 1–14: Als junger Mensch hatte sich der Pförtner vorgestellt, Sparkassenräuber oder Förster zu werden. Weil er jedoch überzeugt war, dass man für diese und fast alle anderen Berufe besonders viel Mut brauche, schreckte er davor zurück. Mit ein bisschen mehr Mut und Selbstvertrauen hätte er zumindest ausprobieren können, ob ein anderer Beruf ihm gefallen hätte.

- Z. 44–69: Der Pförtner ist der Meinung, es allen recht machen zu müssen. Er möchte Konflikte mit schlecht gelaunten Vorgesetzten vermeiden und vor den Besuchern nicht die Fassung verlieren. Ihm fehlt der Mut, sich gegen die ungerechte Behandlung seiner Vorgesetzten zu wehren. Stattdessen wimmelt er lieber die Besucher an der Pforte ab und meldet sie nicht an.
- Z. 136–140: Der Pförtner traut sich nicht, sich wegen der Beschwerden der Mitarbeiter*innen bei seinen Vorgesetzten Hilfe zu holen. Die Situation hätte sich möglicherweise entspannen können, wenn er den Mut gehabt hätte, sein Handeln vor der Geschäftsleitung in einem klärenden Gespräch zu begründen.
- Z. 153–163: Auch als die Schlange der Wartenden vor der Pförtnerloge immer länger wird, kann sich der Pförtner nicht überwinden, seine Methode zu ändern. Er wird zunehmend nervös und erledigt seine Aufgaben immer schlechter. Er könnte sich ein Herz fassen und die Besucher rasch abfertigen oder durchlassen, selbst wenn er damit Konflikte mit den Vorgesetzten provoziert.
- Z. 171–184: Obwohl der Pförtner sich jahrelang darin geübt hat, jeden Besucher hinzuhalten und wegzuschicken, schafft er das ausgerechnet dann nicht, als ein Bewerber um seinen Pförtnerposten vor ihm steht. Hätte er den Mut gehabt, seine bewährte Methode anzuwenden und den Besucher wie so viele vor ihm von der Sinnlosigkeit seines Anliegens zu überzeugen, wäre der Konkurrent gegangen.

9. a) ***Hinweis:** Die Bedeutung des Zitats kann an einem allgemeinen Beispiel erklärt werden, es wird kein Textbezug verlangt. Drei Punkte erhältst du für eine schlüssige Erklärung, Teilpunkte werden nicht vergeben.*

Mögliche Lösung:
Wer sich für einen bestimmten Beruf entscheidet, lässt sich meist von seinen Vorlieben, Fähigkeiten und Neigungen leiten. Möchte man z. B. in einer Kindertagesstätte oder einem Krankenhaus arbeiten, dann deshalb, weil man gerne mit Menschen zu tun hat. Junge Leute, die von Technik fasziniert sind, bewerben sich hingegen um eine Ausbildung in einer Autowerkstatt oder streben einen Ingenieurberuf an. Doch egal in welchem Tätigkeitsfeld man landet, man lernt Kollegen, Vorgesetzte, Kunden oder Patienten kennen. Dazu kommen viele Erfahrungen und Erkenntnisse im Verlauf der Ausbildung und des Berufslebens. Das alles führt dazu, dass man seine Persönlichkeit, d. h. seinen Charakter, weiterentwickelt und verändert.

b) *✎* ***Hinweis:*** *Eine schlüssige Erläuterung mit Textbezug wird mit drei Punkten bewertet. Ist keine Textstelle angegeben (Zitat, Zeilenangabe, Umschreibung), erhältst du zwei Punkte. Nur eine Textstelle zu nennen reicht nicht für einen Punkt.*

Mögliche Lösung:
Früher hatte sich der Pförtner vorgestellt, einen aufregenden oder interessanten Beruf zu ergreifen, nämlich Sparkassenräuber oder Förster. Bei genauerer Überlegung kam er jedoch zu dem Schluss, dass man für diese Berufe Mut braucht. Weil ihn die Anforderungen der meisten Berufe ängstigten und er sich selbst für mutlos hält, ist er vor dieser Entscheidung zurückgeschreckt und wurde Pförtner. (Vgl. Z. 1–17)

c) *✎* ***Hinweis:*** *Ob du der Behauptung zustimmst oder sie ablehnst, bleibt dir überlassen. In beiden Fällen soll deine Meinung nachvollziehbar, aus dem Text heraus begründet sein. Gelingt dir das, gibt es drei Punkte, Teilpunkte werden nicht vergeben. Konkrete Textverweise sind bei dieser Aufgabe aber nicht notwendig.*

Mögliche Lösungen:
Zustimmung:
Der Pförtner beschreibt, wie er als Berufsanfänger den Besuchern noch ängstlich begegnete und Fragen fürchtete, die er nicht beantworten konnte. Er wollte es allen recht machen und hatte Angst vor den Launen seiner Vorgesetzten. Das passt zu seiner Selbstcharakterisierung als mutloser Mensch. Später jedoch hat er seine Mutlosigkeit überwunden: Er benimmt sich wie ein Chef und entscheidet selbstständig, wer in die Firma darf und wer nicht. Dabei verhält er sich sehr souverän und selbstbewusst.

Ablehnung:
Ich stimme dieser Behauptung nicht zu, denn am Ende stellt der Pförtner bei sich dieselbe Mutlosigkeit fest, die schon die Verwirklichung seiner Traumberufe verhindert hat. Seine Methoden als Pförtner hat er entwickelt und verfeinert, weil ihm der Mut zu Auseinandersetzungen mit seinen Vorgesetzten fehlt. Als ihm klar wird, dass er zu weit gegangen ist, hat er nicht den Mut, um seine Stelle zu kämpfen. Er bewundert das selbstbewusste Auftreten seines Konkurrenten und stellt fest, dass er selbst noch nicht einmal für den Pförtnerberuf mutig genug ist.

Teil II: Schreiben

Teil II.A: Textproduktion (Wahlaufgabe)

a) ***Hinweis:***
Aufbau/Inhalt: *Dass der Umgang des Pförtners mit Besuchern bei Vorgesetzten und Mitarbeitern für Unruhe sorgt, wird im Verlauf der Geschichte deutlich. Deine Aufgabe ist es, die Perspektive zu wechseln und die Sicht des Personalchefs einzunehmen. Vorgegeben ist, dass er bereits Beschwerden über das Verhalten des Pförtners bekommen hat und eine Entscheidung über die Zukunft des Pförtners trifft. Was geht dem Personalchef durch den Kopf, nachdem er die Beschwerden gehört hat? Ist er wütend oder verständnisvoll? Welche Meinung hat er von dem Pförtner? Was unternimmt er, um die Situation zu verändern? In der* ***Einleitung*** *deiner Erzählung sollten die Ausgangssituation, der Ort und die beteiligten Personen genannt werden. Im* ***Hauptteil*** *schilderst du, wie der Personalchef auf die Methoden des Pförtners reagiert und was er tut, um die Situation zu verändern. Im* ***Schlussteil*** *könnte es z. B. eine überraschende Wendung geben oder der Personalchef eine abschließende Bewertung der Vorgänge vornehmen. Wichtig ist, dass man in deinem Text den Wechsel der Perspektive erkennen kann, d. h., du musst das Geschehen durchgängig aus der Sicht des Personalchefs darstellen. Du kannst in der Ich-Form schreiben oder eine personale Perspektive wählen. Dabei sollst du die Handlung nicht verändern, auch wenn der Personalchef das Geschehen anders wahrnimmt als der Pförtner. Die Handlung aus dem Originaltext muss als „roter Faden" in deinem Text erkennbar sein. Gib deinen Personen Namen und denke dir auch eine passende Überschrift für deine Geschichte aus.*
Sprachangemessenheit: *Achte bei Satzbau und Wortwahl darauf, Wiederholungen zu vermeiden, damit dein Text nicht zu eintönig wird. Mit der Verwendung passender Verben, Adjektive und anschaulicher Vergleiche kannst du den Charakter des Personalchefs lebendig werden lassen. Die Darstellung der Handlung erfolgt vorzugsweise im Präteritum und bei Vorzeitigkeit im Plusquamperfekt. In wörtlicher Rede können auch andere Zeitformen stehen, z. B. das Präsens („Was* ***bildet*** *der sich eigentlich ein?", dachte er.). Für erlebte Rede verwendest du wiederum das Präteritum oder Plusquamperfekt (z. B.: Warum hatte er sich bloß darauf eingelassen?). Sie steht ohne redebegleitende Verben des Sagens, Denkens oder Fühlens sowie ohne Anführungszeichen.*
Sprachrichtigkeit: *Fehler in der Rechtschreibung und Grammatik werden als ganze Fehler, die in der Zeichensetzung als halbe Fehler gewertet. Mit dem Fehlerindex wird berechnet, wie viele von maximal vier Punkten du für die Sprachrichtigkeit bekommst.*

König Pförtner

Überschrift

Einleitung

Hauptpersonen und ihre Situation

Als Attila Zorn, Personalchef der Spielzeugfabrik „Bauklötzchen und Schaukelpferd GmbH & Co. KG“, am Dienstagmorgen verspätet in seiner Limousine durch das Haupttor der Firma rauschte und die Menschenmenge vor der Pförtnerloge sah, wusste er, dass es so nicht weitergehen konnte und er dringend eine Lösung für das Problem „Pförtner Franz König“ finden musste.

Hauptteil

Beschwerden über den Pförtner

Bereits seit Monaten häuften sich die Beschwerden von Kunden und aus der Belegschaft, dass der Pförtner seine Kompetenzen überschreite und die Besucher nach Belieben abweisen oder durchlassen würde. Doch bislang hatte er die Klagen nicht so richtig ernst genommen. Insgeheim hatte er sogar gehofft, die Lage würde sich von allein wieder beruhigen. Ehrlich gesagt, er hatte überhaupt keine Lust darauf, der Sache auf den Grund zu gehen und sich mit so einer unwichtigen Personalie wie einem Pförtner zu beschäftigen. Schließlich hatte er Wichtigeres zu tun: Die Firma durfte bei der Modernisierung in der Spielzeugbranche den Anschluss nicht verlieren. Bauklötzchen und Schaukelpferd waren von gestern, er brauchte Spieleentwickler, Softwarespezialisten, Grafikdesigner und Werbefachleute, um die Produktpalette der Fabrik mit PC-Spielen und Konsolen auf den neuesten Stand zu bringen. Doch es war wie verhext: Obwohl er die besten Arbeitsbedingungen in die Stellenangebote schreiben ließ und eine Reihe interessanter Bewerbungen auf seinem Schreibtisch gelandet waren, war noch nicht ein einziger der jungen Computerfachleute in der Personalabteilung aufgetaucht.

aktuelle Sorgen des Personalchefs

Der Personalchef informiert sich über die Situation und erkennt, welche Folgen das Handeln des Pförtners hat.

Im Büro angekommen, orderte Zorn schlecht gelaunt die Personalakte „Franz König“ und einen großen Milchkaffee bei seiner Sekretärin. Missmutig schlug er die Akte auf und je länger er darin blätterte, umso mehr fiel seine Laune in den Keller: Ein ganzer Stapel mit Aktennotizen anderer Abteilungsleiter wegen nicht vorgelassener Kunden und Auftraggeber, Briefkopien von Stellenbewerbern, die sich über die unnachgiebige Behandlung durch den Pförtner beschwerten, ein Schreiben der Kantinenpächterin, die mit der Kündigung des Bewirtungsvertrages drohte, weil der Pförtner bereits mehrmals dem Lieferanten von Tiefkühlkost die Einfahrt auf das Firmengelände verweigert hatte. Die Beschwerden ähnelten einander: Offenbar mussten sich die Firmenbesucher nach langem Warten intensiven Befragungen aussetzen, um dann mitgeteilt zu bekommen, dass ihr Anliegen für die Firma bedeutungslos sei.

Der Personalchef fühlte, dass in ihm die Wut hochkochte wie Wasser in einem Dampfkessel. „Was bildet sich dieser Idiot eigentlich ein?“, schäumte er. Entschlossen griff er zum Telefon. „Bestellen Sie den König aus der Pförtnerloge zu einem Gesprächstermin – und zwar so schnell wie möglich!“, bellte er seiner Sekretärin ins Ohr. „Und dann schreiben Sie die Stelle aus, Arbeitsbeginn vorgestern.“

Der Personalchef veranlasst die Ausschreibung der Pförtnerstelle.

Dann sank er zurück in seinen Schreibtischsessel und vertiefte sich frustriert in die Akte des Pförtners. Kopfschüttelnd las er die Briefe und Notizen. „Ich fasse es nicht,“ murmelte er vor sich hin, „wie lange ist der Kerl eigentlich schon bei uns?“ Einige Jahre bereits, stellte Attila Zorn bei der Durchsicht der Papiere fest. In der Probezeit hatte er sich ohne Beanstandungen bewährt, anfangs gab es keine Probleme, sogar ein Zwischenzeugnis, das dem Pförtner besondere Sorgfalt und Gründlichkeit bescheinigte, war in der Akte abgeheftet. Dann aber wurden immer mehr Beschwerden protokolliert.

Er vertieft sich in die Details der Personalakte.

Ein Anruf der Sekretärin unterbrach seine Lektüre: Sie habe die Stelle ausgeschrieben und auch das Arbeitsamt informiert; den Pförtner Franz König habe sie erst am kommenden Freitag in seinem Terminkalender unterbringen können, teilte sie ihm mit ängstlich zitternder Stimme mit. Dem Personalchef war die Gefühlslage seiner Sekretärin egal; er schüttete sich den inzwischen kalt gewordenen Kaffee in die Kehle, legte die Akte „König, Pförtner“ zur Seite und merkte, wie sein Blutdruck sich langsam wieder normalisierte. Schon zwei Tage später informierte ihn die Sekretärin, dass sich ein Kandidat beworben und sie ihn heute zu einem Vorstellungsgespräch eingeladen habe.

Die Sekretärin schreibt die Stelle aus und informiert das Arbeitsamt.

Der Mann, den sie zu ihm hineinschickte, gefiel Attila Zorn sofort: Ein grober Kerl, der wenige Worte machte. Das Vorstellungsgespräch war kurz. „Geben Sie Ihre Papiere in der

Der Personalchef stellt den erstbesten Bewerber zum nächstmöglichen Termin ein.

Personalabteilung ab. Sie fangen am Montag an“, befahl er dem überraschten und erfreuten Bewerber.

Als Franz König am nächsten Tag mit eingezogenen Schultern vor seinem Schreibtisch stand, konnte Attila Zorn sich nur mühsam beherrschen. „Sie trauen sich was, mein Lieber“, schimpfte er auf den geduckten Kopf vor ihm ein. „So viel Frechheit, über Monate hinweg die wichtigsten Kunden und Geschäftspartner einfach wegzuschicken, muss man erst einmal haben. Aber ich brauche keinen mutigen Pförtner, sondern einen, der seine Arbeit macht. Sie können sich bei meiner Sekretärin Ihre Papiere holen. Ich will Sie hier nicht mehr sehen.“ Franz König drehte sich wortlos um und ging.

Der Pförtner wird zur Rede gestellt und fristlos entlassen.

Attila Zorn war sehr zufrieden damit, wie gut und schnell er das Problem gelöst hatte. Nur das glückliche Lächeln, das bei seinen letzten Worten über das Gesicht des ehemaligen Pförtners gehuscht war, verwirrte ihn. War er nicht gerade von ihm, dem Personalchef, nach allen Regeln der Kunst zusammengefaltet worden? Und hatte der Kerl nicht kapiert, dass er wegen Unfähigkeit gefeuert wurde? Nun ja, ihm konnte das egal sein. Hauptsache, die Firma war ihn los.

Schluss

Der Personalchef ist zufrieden mit sich und seiner Lösung.

b) ✎ ***Hinweis:*** *Bei einer* ***Beschreibung*** *soll den Leserinnen und Lesern eine genaue Vorstellung von etwas vermittelt werden. Das kann eine Person, ein Bild, ein Vorgang oder wie in dieser Aufgabe ein Arbeitsplatz mit seiner Ausstattung sein. Die Tätigkeiten an diesem Arbeitsplatz sollen hier ebenfalls Teil der Beschreibung sein.*
Aufbau/Inhalt: *In der* ***Einleitung*** *solltest du den Betrieb kurz vorstellen und die Berufsbezeichnung nennen, die mit dem Arbeitsplatz verbunden ist. In den* ***Hauptteil*** *gehören die Möblierung bzw. Ausstattung des Arbeitsplatzes mit allen Arbeitsmitteln und -geräten sowie die Tätigkeiten, die damit ausgeübt werden. Auch die Umgebungsbedingungen des Arbeitsplatzes werden beschrieben, z. B. Temperatur, Lautstärke, Gerüche, Platzangebot. Im* ***Schlussteil*** *kannst du noch einmal zusammenfassend deinen Gesamteindruck von dem Arbeitsplatz formulieren.*
Sprachangemessenheit: *Die Zeitform einer Beschreibung ist das Präsens. Nur in Ausnahmefällen (z. B. wenn du schreibst, wann du dein Praktikum gemacht hast) kannst du eine Vergangenheitsform verwenden. Grundsätzlich gilt, dass man bei Beschreibungen vom Allgemeinen zum Besonderen vorgeht, sachlich formuliert*

und keine persönlichen Bewertungen einfließen lässt. Benutze die richtigen Fachausdrücke, z. B. bei den Arbeitsgeräten und ihrer Verwendung. Bewertet werden auch ein abwechslungsreicher Satzbau und die Vermeidung von Wiederholungen. ***Sprachrichtigkeit:*** *Insgesamt vier Punkte werden für die richtige Anwendung von Rechtschreibung, Grammatik und Zeichensetzung vergeben, die sich mithilfe des Fehlerindex errechnen lassen: Rechtschreib- und Grammatikfehler zählen als ganze Fehler, Fehler bei der Zeichensetzung als halbe Fehler.*

Mein Praktikumsplatz in der Werkstatt des Autohauses Stoof

Überschrift

Im neunten Schuljahr habe ich ein zweiwöchiges Praktikum in der Werkstatt des Autohauses Stoof an der Friedberger Straße in Nidderau im Berufsfeld „Kfz-Mechatroniker" absolviert. Das Unternehmen wurde 1927 gegründet und wird von Werner und Anita Stoof geleitet. Der Betrieb ist in verschiedene Bereiche eingeteilt, in denen insgesamt 37 Beschäftigte arbeiten. In der Abteilung Service/Verkauf arbeiten 19 Mitarbeiterinnen und Mitarbeiter. Der zweitgrößte Bereich ist die Werkstatt mit 16 Mitarbeiterinnen und Mitarbeitern einschließlich Meister und Auszubildenden. Zusätzlich gibt es noch zwei Fahrer, die z. B. Autos bei Kunden vor Ort abholen oder zurückbringen. Das Autohaus Stoof verkauft Neu- und Gebrauchtfahrzeuge hauptsächlich der Marken VW und Audi und bietet alle Dienstleistungen rund ums Auto an. Dazu gehören z. B. Reparatur und Wartung, Inspektion, TÜV und ASU sowie die Lagerhaltung von Rädern, die Kunden deponieren wollen. Mein Praktikum beschränkte sich auf den Werkstattbereich.

Einleitung
Vorstellung des Betriebs/Nennung des Praktikumsberufs

Die Mitarbeiter in der Werkstatt sind in drei Teams organisiert, die parallel arbeiten. Jedem Team ist ein Arbeitsbereich zugewiesen, der aus einer Hebebühne, einer Werkbank und einem Computer zum Auslesen der Fahrzeuge besteht. Zudem verfügt jedes Team über einen metallenen Werkzeugwagen mit der gleichen Ausstattung, für die es verantwortlich ist.

Hauptteil
Beschreibung des Arbeitsplatzes:

- Organisation und Ausstattung der Werkstatt-Teams

In den Wagen befinden sich ein Steckschlüsselsatz, ein Maul- und Ringschlüsselsatz, ein Drehmoment-Schlüssel, eine Schlauchschellen-Zange, ein pneumatischer Schlagschrauber

- Arbeitsmittel/Werkzeug

und eine Ölfilterkralle. Das sind die Arbeitsmittel, die für die häufigsten Reparatur- und Wartungsarbeiten benötigt werden. Die Bestandteile der Schlüsselsätze sind in den zugehörigen Werkzeugfächern nach Größe sortiert, damit man beim Arbeiten ohne langes Suchen gleich das richtige Werkzeug in der Hand hat.

- Spezialwerkzeug

Neben der Tür zu den Umkleideräumen steht ein abschließbarer Schrank mit hochwertigem Spezialwerkzeug, das sich alle Mitarbeiter*innen nach Bedarf teilen, weil es nicht so häufig gebraucht wird. Dazu gehören zum Beispiel die Injektionsprüfgeräte für die Einspritzanlagen oder der Kupplungswerkzeugsatz. In einem weiteren Schrank befinden sich Besen, Kehrgarnituren, Eimer, Putz- und Lösungsmittel sowie Lappen für die Reinigungsarbeiten am Ende jedes Werkstatttages. Neben dem Schrank stehen zwei Nass-Trocken-Sauger für den Industriebedarf.

- Reinigungsgeräte

- persönliche Schutzkleidung

Der Arbeitsplatz in der Autowerkstatt erfordert verschiedene Schutzmaßnahmen. Dafür verfügt jeder über ein namentlich gekennzeichnetes Klappfach, in dem das persönliche Arbeitsschutzzubehör untergebracht ist: Gummihandschuhe, eine Schutzbrille und ein Gehörschutz. Öl, Brems- oder Lenkflüssigkeiten können die Haut angreifen, weshalb Gummihandschuhe benutzt werden sollen. Wer sich in der Nähe von Arbeiten mit der Flex aufhält, muss sich mit einer Schutzbrille vor Funkenflug schützen. Beim Reifenwechsel ist ein Gehörschutz zu tragen, weil der Reifen mit einem lauten Knall auf die Felge springt. Zudem sind Sicherheitsschuhe vorgeschrieben, weil immer die Gefahr von herabfallenden Gegenständen besteht.

Beschreibung einer typischen Tätigkeit: Räderwechsel

Eine der häufigsten Tätigkeiten im Praktikum ist der Räderwechsel. Dazu werden zuerst Sitz- und Fußmattenschoner in das Fahrzeug gelegt. Anschließend wird der Wagen auf die Hebebühne gefahren, unterbaut und angehoben. Damit man die Räder beim nächsten Wechsel nicht vertauscht, werden sie mit einer Spezialkreide markiert: VL für vorne links usw. Dann werden die Winterräder mit dem Schlagschrauber demontiert und die Sommerräder montiert, ebenfalls mit dem Schlagschrauber. Dabei ist es wichtig, die Schrauben immer über Kreuz festzuziehen, damit sich die Felge nicht verzieht. Jetzt wird der Luftdruck der neuen Räder kontrolliert und eventuell korrigiert. Zum Schluss werden die Radmuttern mit einem Drehmomentschlüssel ein zweites Mal festgezogen. Weitere Tätigkeiten im Praktikum sind hauptsächlich Serviceleistungen wie z. B. Ölwechsel, Wechsel der Bremsflüssigkeit, der Bremsbeläge oder der Zündkerzen.

Neben der klassischen Mechanik spielen in der modernen Kfz-Technik auch elektronische und mechatronische Systeme eine zunehmend wichtige Rolle. So verfügen z. B. immer mehr Autos über computergestützte Informations- und Kontrollsysteme wie das Antiblockiersystem (ABS), das Elektronische Stabilitätsprogramm (ESP) oder die Antriebsschlupfregelung (ASR). Der mit der aktuellen Klimadiskussion einhergehende Ausbau der Elektromobilität fordert ebenfalls tiefergehende Kenntnisse und Fertigkeiten in den Bereichen Kfz-Elektrik und -Elektronik, denn die verschiedenen Komponenten dieser Systeme sind mithilfe von Hard- und Software miteinander verknüpft.

Beschreibung der Anforderungen im Bereich Kfz-Elektrik / -Elektronik

Der Arbeitsplatz in der Autowerkstatt verbindet somit handwerkliche und computergestützte Tätigkeiten und bietet ein abwechslungsreiches Betätigungsfeld für technikinteressierte und zukunftsorientierte junge Menschen.

Schluss/Fazit

Abschlussprüfung Deutsch an Realschulen in Hessen 2020
Text 2

Teil I: Lesen

Hinweis: *In den Aufgaben 1 und 2 gibt es für jede richtige Lösung einen Punkt. Sind mehrere Möglichkeiten angekreuzt, wird kein Punkt vergeben.*

1. a) ☒ 12 Stunden an je 6 Tagen.
   Hinweis: *vgl. Z. 50 f.*

   b) ☒ 1 Stunde, 33 Minuten.
   Hinweis: *vgl. Z. 59 ff.*

   c) ☒ das Statistische Bundesamt.
   Hinweis: *vgl. Z. 70*

   d) ☒ vergleichbar viel Freizeit wie Menschen in Skandinavien.
   Hinweis: *vgl. Z. 76 f.*

   e) ☒ Sport.
   Hinweis: *vgl. Z. 80 f.*

2. a) ☒ abzielen.
   Hinweis: *Gleichbedeutend mit z. B. „anstreben", „bezwecken".*

   b) ☒ sich ausgeliefert fühlen.
   Hinweis: *Bedeutet „einer Situation hilflos gegenüberstehen".*

   c) ☒ über die wir frei verfügen können, statt zu arbeiten.
   Hinweis: *„Muße" oder „Müßigkeit" beschreibt freie Zeit, in der man in Ruhe seinen Interessen nachgehen kann oder die man mit Nichtstun verbringt.*

   d) ☒ hoch entwickelt und komplex.
   Hinweis: *Metapher aus dem Handwerksbereich: Mit der Feile werden abschließende Feinarbeiten an einem Werkstück vorgenommen.*

3. ✎ ***Hinweis:*** *Bei den Aufgaben 3 a und 3 b gibt es für jede richtige Antwort zwei Punkte.*

   a) ☒ Nur A und D stehen im Text.

   ✎ ***Hinweis: A:*** *Vgl. Z. 18–21.* ***D:*** *Vgl. Z. 3–8.* ***B:*** *Antwort B stimmt nicht, da es die genannten Kommunikationsmittel zu Goethes Zeiten noch nicht gab.* ***C:*** *Auch Antwort C ist falsch, denn wie in den Zeilen 24 f. deutlich wird, brauchte Goethes Brief mehr als eine Woche nach Berlin.*

   b) ☒ Nur C und D stehen im Text.

   ✎ ***Hinweis: C:*** *Vgl. Z. 148 ff.* ***D:*** *Vgl. Z. 152 ff.* ***A:*** *Aus den Zeilen 148 ff. geht hervor, dass der amerikanische Neurologe George M. Beard ein Buch geschrieben hat, die in den Zeilen 154 f. genannten „europäischen Zeitschriften" stehen jedoch nicht mit seiner Person in Zusammenhang. Deshalb trifft Antwort A nicht zu.* ***B:*** *Auch Antwort B steht so nicht im Text, denn der Neurologe warnt zwar vor den möglichen Folgen von Verspätungen, nicht jedoch davor, dass Verspätungen sich häufen würden.*

4. ✎ ***Hinweis:*** *Die Reportagenmerkmale werden stichwortartig genannt und mit passenden Textstellen belegt. Geeignet sind sowohl Zitate, reine Zeilenangaben, Verweise auf Textausschnitte als auch Umschreibungen, die eine Aussage mit eigenen Worten wiedergeben. Für jedes richtig genannte und belegte Textmerkmal gibt es einen Punkt; für das bloße Nennen eines Reportagenmerkmals ohne Textbeleg wird kein Punkt vergeben.*

   Mögliche Lösungen:
   - Vorspann, Teaser, Lead (Z. 1–8)
     ✎ ***Hinweis:*** *Der Vorspann ist eine Art „Appetithäppchen", das die Leser*innen auf den Artikel neugierig machen und sie in das Thema einführen soll.*
   - Szenischer oder erlebnisorientierter Einstieg (Z. 9–21)
     ✎ ***Hinweis:*** *Der Autor beschreibt eine scheinbar moderne Situation und löst erst am Ende des Abschnitts auf, dass es sich um ein fast 200 Jahre altes Zitat handelt. Damit macht er auf lebendige Weise deutlich, dass sein Thema die Menschen schon vor der Erfindung der modernen Kommunikationsmittel beschäftigte.*
   - Zahlen, Daten, Fakten, Erläuterungen als Hintergrundwissen (z. B. Z. 30 ff., Z. 58–68, Z. 124–141, Z. 161–176)
     ✎ ***Hinweis:*** *Durch wissenschaftlich belegte Daten und Fakten werden die anschaulich beschriebenen Rechercheergebnisse des Autors ergänzt.*

- Expertenmeinung (z. B. Z. 148–154, Z. 163–170)
  ***Hinweis:** Der Autor sichert seine Äußerungen ab, indem er Forschungsergebnisse und Meinungen von Fachleuten zum Thema anführt.*
- Autorenkommentar (z. B. Z. 9–16, Z. 28 ff., Z. 92 f.)
  ***Hinweis:** Die abwertenden Begriffe „leidet", „Dauerbombardement", „entsetzliche Telefone", „aberwitzige Clips […] gucken musste" (Z. 9–16) machen deutlich, welche Haltung der Autor gegenüber den beschriebenen Kommunikationsmitteln hat. Auch durch die Verwendung der Personalpronomen „wir, uns" (Z. 29, Z. 45, Z. 93–100) gibt er seine persönliche Einstellung preis.*
- Wechsel der Zeitform (überwiegend Präsens, Formen der Vergangenheit Z. 148 ff.)
  ***Hinweis:** Für die Beschreibung direkter Beobachtungen und Phänomene sowie die Präsentation von Fakten wird in der Reportage das Präsens verwendet. Berichtsteile in den grammatischen Formen der Vergangenheit unterbrechen diese Darstellungsweise. Ein solcher Wechsel der Zeitformen ist ein typisches Merkmal der Textsorte „Reportage".*
- Zitate (z. B. Z. 1–8, Z. 20 f., Z. 191–194)
  ***Hinweis:** Die wörtlich übernommenen Zitate verleihen dem Text Lebendigkeit und machen deutlich, dass das Thema die Menschen in früheren Zeiten genauso beschäftigt hat wie heute.*
- Fazit (Z. 185–194)
  ***Hinweis:** Im Schlussabschnitt wird das Ergebnis zusammengefasst und zusätzlich mit einem weiteren Goethezitat abgerundet, das die unterschiedlichen Wahrnehmungen von Zeit in einer Metapher beschreibt.*

5. ***Hinweis:** Bei einer Erklärung wird von dir erwartet, eigenes Wissen mit einzubeziehen. Wird die Bedeutung des Zitats im Textzusammenhang plausibel erklärt, gibt es drei Punkte. Teilpunkte werden nicht vergeben. Zitate oder Zeilenangaben sind nicht notwendig.*

   Mögliche Lösung:
   Wer in einen Wasserstrudel gerät, wird davon mitgerissen. Zu seinem Zentrum hin dreht sich der Strudel immer schneller und zieht einen in den Abgrund. Die Metapher „im Zeitstrudel fortgerissen" veranschaulicht, dass die Menschen im Alltagsrhythmus wie in einer Spirale gefangen sind und sich von der Zeit zunehmend beherrschen lassen. Hat die Zeit Macht über sie gewonnen, können sie sich aus eigener Kraft nicht mehr befreien, können also nicht mehr selbst über ihr

Leben bestimmen. „Junge Leute“ können dabei besonders gefährdet sein, weil sie oft noch keine klare Vorstellung davon haben, welche Richtung sie ihrem Leben geben sollen.

6. ***Hinweis:*** *Vier Punkte gibt es für eine zutreffende Erklärung der Metapher* ***und*** *ihrer Wirkung. Wird nur die Bedeutung des Stilmittels erklärt, gibt es zwei Punkte, für die Erklärung seiner Wirkung im Textzusammenhang zwei weitere.*

   Mögliche Lösung:
   Bedeutung: Das Wort „Dauerbombardement“ ist ein Begriff aus dem Militär und bezeichnet einen andauernden Angriff mit schweren Geschossen bei einer bewaffneten Auseinandersetzung oder Belagerung. Im Textzusammenhang ist damit gemeint, dass man ständig Textnachrichten erhält und ihnen nicht ausweichen kann.

   Wirkung: Da der Begriff mit Waffen in Verbindung steht, wird den Textnachrichten eine gefährliche und bedrohliche Wirkung zugeschrieben. Wie Geschosse prasseln sie auf den Empfänger ein. Die Steigerung zu „Dauerbombardement“ macht deutlich, dass es sich um kein vorübergehendes Phänomen handelt. E-Mails, Tweets und SMS werden damit als dauerhafte Bedrohung bezeichnet.

7. ***Hinweis:*** *Drei Punkte gibt es für eine zutreffende Erklärung des genannten Stilmittels* ***und*** *seiner Wirkung. Wird nur das Stilmittel erklärt, gibt es einen Punkt. Für eine Erklärung der Wirkung im Textzusammenhang werden zwei Punkte vergeben. Als Textbezug gelten Zitate, Zeilenangaben oder Umschreibungen.*

   Mögliche Lösung:
   Erklärung des Stilmittels: Wenn Gegenständen, Tieren oder Pflanzen menschliche Fähigkeiten oder Eigenschaften zugeschrieben werden, bezeichnet man das als Personifikation. Die Personifikation im Text beschreibt Uhren als eine Art lebendig gewordenes Folterwerkzeug, das die Menschen „hetzt“, d. h. zu immer höherer Geschwindigkeit bei allen ihren Handlungen zwingt.

   Wirkung: Das Stilmittel verdeutlicht in diesem Zusammenhang, dass man nicht mehr selbst über sein Leben bestimmen kann, sondern es sich von der Uhr und damit von der Zeit diktieren lässt. Die Folgen dieses Zwangs können erhöhter Stress wie z. B. die Angst vor Verspätungen (vgl. Z. 150–154) sein oder sogar Krankheiten wie die Neurasthenie (vgl. Z. 156 f.).

8. *__Hinweis:__ Beim Erläutern sollst du mit eigenen Formulierungen einen Sachverhalt verständlich und umfassend darstellen. Wenn dir das mithilfe von zwei passenden Textstellen gelingt, gibt es jeweils zwei Punkte. Fehlt der Textbezug, gibt es pro Erläuterung einen Punkt. Eine Textstelle ohne Erläuterung wird nicht bewertet. Zitate, Zeilenangaben oder Umschreibungen werden als Textbezüge gleichermaßen akzeptiert.*

   Mögliche Lösungen:
   - Z. 34–38: Menschen fühlen sich bei der Arbeit gehetzt, weil sie unter Druck stehen. Das bedeutet, sie haben das Gefühl, übermäßig vielen Erwartungen gerecht werden zu müssen.
   - Z. 148–154: Pünktlichkeit und das Einhalten von Terminen spielen sowohl in privaten als auch in beruflichen Lebensbereichen eine wichtige Rolle. Ob man wegen Unpünktlichkeit seinen Flieger verpasst oder wichtige Dokumente nicht fristgerecht abgibt, die Folgen können in jedem Fall schwerwiegend sein. Die Angst vor diesen Folgen führt zu Stress und Hektik.
   - Z. 154–160: Immer mehr Kontakte beschränken sich auf kurze Begegnungen und oberflächliche Gespräche oder kurze Grüße, die man im Vorbeigehen einander zuruft, weil man schon auf dem Weg zum nächsten Termin ist. Ein solches Leben „auf der Überholspur" kann zum Gefühl dauerhafter Erschöpfung führen und sogar krank machen.
   - Z. 161–176: Wenn man mehrere Arbeiten fast gleichzeitig beginnt und sich parallel mit ihnen beschäftigt, kann man sich nicht mehr richtig auf die einzelnen Aufgaben konzentrieren und gerät unter zeitlichen Druck.
   - Z. 177–184: Wer das Gefühl hat, zu wenig Zeit für eine Aufgabe zu haben, gerät erst recht unter Stress. Denn die Angst, nicht rechtzeitig fertig zu werden, blockiert die Aufmerksamkeit. Das wiederum führt zu Fehlern und damit zu noch mehr Hektik.

9. a) *__Hinweis:__ Beim Zitieren sollst du die passenden Begriffe im Text auffinden, abschreiben, mit Anführungsstrichen versehen und die richtige Zeilenangabe hinzufügen. Fehlen Anführungsstriche oder Zeilenangaben, wird jeweils ein halber Punkt abgezogen.*

   Mögliche Lösungen:
   - „Zeitsinn" (Z. 41)
   - „Zeitnot" (Z. 45, Z. 177 f.)
   - „Zeitknappheit (Z. 94)
   - „erlebte Zeit" (Z. 103)

- „Zeitwahrnehmung“ (Z. 105, Z. 143)
- „Zeitempfinden“ (Z. 112)
- „Zeitgefühl“ (Z. 113)
- „Zeiterfahrungen“ (Z. 138 f.)
- „Zeitdruck“ (Z. 171)

b) ***Hinweis:*** *Etwas zu erklären erfordert von dir, verschiedene Textinformationen zu verknüpfen und mit eigenen Worten verständlich zu machen. Beachte, dass du auch darauf eingehen sollst, wie die „zweite Zeit“ entsteht, d. h., du musst erklären, welche Bereiche und Abläufe im menschlichen Körper das Zeitgefühl steuern. Vier Punkte gibt es für eine zutreffende Erklärung anhand eines Textbeispiels, ohne Textbezug nur noch zwei. Ebenso gibt es zwei Punkte, wenn ein Beispiel genannt, der Begriff jedoch nicht erklärt wird. Die Textbezüge können als Zitate, Zeilenverweise oder Umschreibungen erfolgen.*

Mögliche Lösung:
Erklärung: Aus den in Aufgabe 9 a zitierten Begriffen wird bereits deutlich, dass die „zweite Zeit“ abgekoppelt ist von der objektiven Zeitmessung mit Tagen, Stunden, Minuten etc. Anders als für Licht oder Geräusche haben wir für die Zeit kein Sinnesorgan (vgl. Z. 120 f.). Die „zweite Zeit“ beruht ausschließlich auf individuellen Wahrnehmungen und entsteht im Zusammenwirken fast aller Hirnfunktionen (vgl. Z. 105–110). Dabei werden Zeitabschnitte verschiedener Länge von unterschiedlichen Gehirnregionen verarbeitet.

Beispiel: Bei längeren Zeitabschnitten beispielsweise wirkt sich die Menge an zu verarbeitenden Sinneseindrücken auf die Zeitwahrnehmung aus. Erhalten wir nur wenige Informationen, z. B. während des Wartens beim Arzt, scheint sich die Zeit zu dehnen. Muss unser Gehirn viele Informationen verarbeiten, z. B. während angeregter Gespräche, scheint die Zeit sehr schnell zu verstreichen. (Vgl. Z. 130–136)

Alternative Beispiele:
- Unsere Bewegungssteuerung im Gehirn ist für die Wahrnehmung kurzer Zeitabschnitte wie Sekunden oder Minuten zuständig. Deshalb steigert z. B. eine beschleunigte Atmung das Spieltempo von Musikern, während bewegungsarme Tätigkeiten wie Tai-Chi die Zeit scheinbar zum Stillstand bringen können. (Vgl. Z. 124–130)
- Längere Zeitabschnitte wie Monate oder Jahre bemisst unser Gehirn mithilfe von Erinnerungen an Erlebnisse und Eindrücke, die unterschiedlich lange zurückliegen. (Vgl. Z. 136 ff.)

10. *Hinweis: Ob du der Behauptung zustimmst oder sie ablehnst, kannst du entscheiden. Es kommt in jedem Fall auf eine schlüssige Begründung an. Dafür gibt es drei Punkte. Teilpunkte werden nicht vergeben. Textverweise sind bei dieser Aufgabe nicht notwendig.*

Mögliche Lösungen:

Zustimmung:

In den letzten Jahrzehnten ist die Lebenserwartung stark angestiegen, gleichzeitig hat sich der Anteil an Freizeit und Urlaubstagen erhöht. Zusätzlich gibt es in vielen Berufen und Beschäftigungsbereichen inzwischen Angebote zu flexiblen Arbeitszeitmodellen, sodass insgesamt mehr selbstbestimmte Zeit zur Verfügung steht. Wer also seine Zeit bewusst gestalten will, hat dazu auch die Möglichkeit. Deshalb stimme ich dem Zitat zu.

Ablehnung:

Das Zitat sagt aus, dass man über seine Zeit selbst bestimmen kann. Das trifft meiner Meinung nach jedoch nicht zu. Für nahezu alle Lebensbereiche gibt es vorgegebene Zeiten, nach denen man sich richten muss. Arbeits- und Schulzeiten, Öffnungszeiten von Läden, Ärzten und Behörden, Fahrpläne und Trainingsprogramme zwingen die meisten Menschen in ein Zeitkorsett, das ihnen nur einen kleinen Teil des Tages zur freien Verfügung übrig lässt.

Teil II: Schreiben

II.A: Textproduktion (Wahlaufgabe)

a) *Hinweis:*
Aufbau/Inhalt: *Mit einer passenden* ***Überschrift*** *machst du die Leser*innen neugierig. Anschließend schreibst du in wenigen Sätzen die* ***Einleitung****, in der das Wichtigste zusammengefasst wird (****Was*** *ist* ***wann*** *und* ***wo*** *passiert?* ***Wer*** *ist beteiligt?). Im* ***Hauptteil*** *werden die Details des Geschehens ausgeführt (****Wie/ Warum/Womit*** *ist es passiert? Welche Folgen ergeben sich aus dem Ereignis? Welche Quellen wurden zum Schreiben des Berichts verwendet?). Der* ***Schlussteil*** *kann z. B. in Form eines Zitats ein Fazit formulieren oder einen Ausblick auf weitere geplante Projekte geben.*
Sprachangemessenheit: *Der Bericht soll in sachlicher und neutraler Form ein Geschehnis aus der Vergangenheit darstellen. Es gibt keine Kommentare, Wertungen oder Meinungsäußerungen der Verfasserin oder des Verfassers. Da das Ereignis bereits passiert ist, schreibt man in den Zeitformen der Vergangenheit. Verwende überwiegend das Präteritum und bei Vorzeitigkeit das Plusquamperfekt (Ausnahme: Zitate von Beteiligten). Achte auf logische Satzverknüpfungen sowie einen abwechslungsreichen Satzbau und vermeide Wiederholungen.*
Sprachrichtigkeit: *Für Rechtschreibung, Grammatik und Zeichensetzung werden insgesamt vier Punkte vergeben, die sich mithilfe des Fehlerindex errechnen lassen: Rechtschreib- und Grammatikfehler zählen als ganze Fehler, Fehler bei der Zeichensetzung als halbe Fehler.*

Tanzen statt abhängen

Überschrift

„Komm, wir machen was" – so hieß das Motto, unter dem einen Schultag lang fast dreihundert Schüler*innen der Jahrgangsstufen 5 bis 7 der Bertha-von-Suttner-Schule in Nidderau verschiedene Freizeitbeschäftigungen erprobten, die sie bis dahin höchstens aus dem Fernsehen oder vom Hörensagen kannten. Vorbereitet und durchgeführt hatten den Projekttag die Jugendlichen der Abschlussklassen, unterstützt wurden sie von ihren Lehrkräften, den Mitgliedern des Schülerrates und der Schulsozialarbeit. Wer von den Beteiligten bei der Veranstaltung den meisten Spaß hatte, konnte noch nicht ermittelt werden.

Einleitung
kurze Zusammenfassung der wichtigsten Informationen (Wer? Was? Wann? Wo?)

Am Anfang stand eine Umfrage. Im PoWi-Unterricht des zehnten Schuljahres sollten Interviewtechniken geübt werden. Die Schüler*innen der 10 B1 hatten die Idee, in den unteren Klassen Umfragen zum Freizeitverhalten durchzuführen und die Ergebnisse in einem Balkendiagramm darzustellen. Die Auswertung der anonymen Fragebögen ergab ein Bild, das die Zehntklässler*innen ins Grübeln brachte: Mehr als zwei Drittel der befragten 11- bis 13-Jährigen hatten bei der Frage nach der häufigsten Freizeitbeschäftigung nur zwei Antworten angekreuzt: „Zocken“ und „mit Freunden abhängen“. Weit abgeschlagen landeten Hobbys und Sport auf den hinteren Rängen. Gleichzeitig gab es aber auch viele Kreuze bei der Wunschliste. Ein Großteil der Befragten gab auf die entsprechende Frage an, sich mehr Zeit für „richtige“ Hobbys zu wünschen, bei denen man sich kreativ oder sportlich betätigen könnte. Zu viele Hausaufgaben, fehlendes Geld oder keine entsprechenden Angebote vor Ort waren die meistgenannten Gründe für die einseitige Freizeitgestaltung der Kinder. Angesichts dieses Ergebnisses stellte Marius Proth, Klassenlehrer der 10 B1, die Hausaufgabe, sich Lösungsmöglichkeiten zu überlegen. Die davon angefachte Diskussion mündete schnell in der Idee eines Projekttages zum Thema „Sinnvolle Freizeitgestaltung“.

Hauptteil
Erläuterung der Hintergründe (Warum?)

Um die Planung auf festere Füße zu stellen, wurden die anderen sechs Abschlussklassen aller drei Schulzweige ins Boot geholt, außerdem der Schülerrat sowie Astrid Hoff-Meinhardt und Dirk Fröbe von der Schulsozialarbeit. Zunächst wurden innerhalb der Klassen Ideenlisten erstellt, welche Möglichkeiten zur Freizeitgestaltung aus den Abschlussklassen direkt angeboten werden könnten. Das Ergebnis dieses ersten Brainstormings erstaunte alle und offenbarte eine Vielfalt bislang verborgener Talente und Fähigkeiten. Unter den Vorschlägen fanden sich Kurse zum Nähen, Kochen, Modellbauen, Hobbyimkern, Rettungsschwimmen, Bouldern, Jonglieren, Zaubern, Breakdancing und Formationstanzen sowie eine Fahrrad-, eine Chemie-, eine Schauspiel- und eine Musicalwerkstatt. Feuerwehrleute, Bandmitglieder und sogar ein Büttenredner boten an, Einblick in ihre Arbeit zu geben, dazu

Planung des Projekttages (Wie?)

- Erstellen von Ideenlisten

kamen zahlreiche Vorschläge zu Ball- und Kraftsportarten sowie zu den unterschiedlichsten Bereichen des Musizierens. Anhand dieser Ideenlisten erarbeitete ein Ausschuss mit Vertreterinnen und Vertretern aus allen Klassen ein erstes Projektangebot, das verschiedene Vorgaben erfüllen musste. Das Angebot sollte möglichst vielfältig sein, die Gruppenstärke sollte zehn Personen nicht überschreiten, und schließlich sollten alle dreihundert Kinder der Klassen 5 bis 7 die Möglichkeit erhalten, in einen oder zwei verschiedene Bereiche ihrer Wahl hineinzuschnuppern. Des Weiteren musste besonders bei den Sportangeboten die Aufsicht sichergestellt werden. An dieser Stelle kam die Schulleitung ins Spiel. Auf deren Vorschlag hin wurde der Projekttag in die Projektwoche integriert, um die Gesamtorganisation zu erleichtern. Unter der Federführung der Schulsozialarbeit entstand schließlich ein Angebot von rund dreißig Workshops, in das sich die Schüler*innen mit Erst- und Zweitwunsch einwählen konnten.

- Berücksichtigung der Vorgaben
- Ergebnis: Angebot von insgesamt dreißig Workshops

Jeder Workshop wurde von zwei bis vier Jugendlichen aus den Abschlussklassen geleitet. In der Küche, im Chemieclub und bei allen Sportangeboten war eine Lehrkraft zur Aufsicht dabei. Manche Projekte gingen über den ganzen Tag, bei anderen wechselte die Besetzung nach der Mittagspause. Ob nun gekocht, genäht, geklettert, experimentiert, gebastelt oder Fußball gespielt wurde, am Ende des Projekttages gab es nur glückliche Gesichter. „Ich hätte nie gedacht, dass ich das überhaupt kann", erklärte der 12-jährige Finn aus der 6 e und präsentierte stolz seine Tablet-Tasche, die er aus einer ausrangierten Jeans genäht hatte. Und Samira aus der 7 c, die den ganzen Tag mit acht anderen Mädchen eine Tanzformation einstudiert hatte, ist wild entschlossen, sich so schnell wie möglich bei den „Schlüsselrapplern", dem örtlichen Karnevalsverein, anzumelden, damit sie schon bei der nächsten Kampagne auf der Bühne stehen kann.

Durchführung
- Schüler*innen der Abgangsklassen leiten die jüngeren an
- Welche Folgen?

Auch die Zehntklässler*innen waren zufrieden mit ihrem Projekt, wobei Moussa aus der 10 B1 ein eher selbstkritisches Fazit zog: „Viele von uns machen ja auch nichts wirklich Sinnvolles in der Freizeit", so der 17-Jährige, „die Umfrage bei den Kids hat uns die Augen geöffnet."

Schluss
positives Fazit

b) *__Hinweis:__ Die Vor- und Nachteile der Nutzung einer Smartwatch sollen jeweils mit Begründung und Beispiel gegeneinander abgewogen werden (Erörterung). Als hilfreich hat sich bei solchen Aufgabenstellungen erwiesen, vorab in einer Tabelle die Pro- und Kontra-Argumente zu notieren und nach Wichtigkeit zu ordnen.*

__Aufbau/Inhalt:__ In der __Einleitung__ kannst du zunächst kurz erklären, was eine Smartwatch ist, und dann mit einer aus der Aufgabenstellung abgeleiteten Frage zum Hauptteil übergehen. Im __Hauptteil__ stellst du die Argumente für und gegen den Kauf und die Nutzung einer Smartwatch einander gegenüber. In der Regel werden für jede Seite drei Argumente erwartet. Jedes deiner Argumente verdeutlichst du mit einem anschaulichen Beispiel. Überlege dir, wie du deine Argumente anordnen möchtest. Es ist sinnvoll, die Pro- und Kontra-Argumente nach dem Sanduhrprinzip abzuhandeln, d. h., du nennst zuerst die Argumente, die deine Meinung nicht stützen, und ordnest sie nach absteigender Wichtigkeit; bei den Argumenten, die deine Meinung stützen, nennst du das wichtigste am Schluss.

Im __Schlussteil__ legst du deine eigene Meinung dar und wiederholst z. B. das stärkste Argument aus dem Hauptteil.

__Sprachangemessenheit:__ Entscheidend ist die richtige Verwendung der Zeitform (Präsens) sowie ein sachlicher und neutraler Stil. Achte auf treffende Formulierungen, eine passende Wortwahl sowie einen abwechslungsreichen Satzbau. Vermeide Wiederholungen, insbesondere auch an Satzanfängen.

__Sprachrichtigkeit:__ Rechtschreibung, Grammatik und Zeichensetzung werden mit maximal vier Punkten bewertet, die sich aus dem Fehlerindex ergeben (Rechtschreibung und Grammatik ganze Fehler, Zeichensetzung halbe Fehler).

Ideenliste/Stoffsammlung:

Nachteile	**Vorteile**
geringer Mehrnutzen im Vergleich zum Handy	handlicher als das Mobiltelefon
Missbrauchsmöglichkeiten: in Schule/Uni; Umgehung von Fotografier- und Filmverboten	Messung von Gesundheitsdaten
lückenhafter Datenschutz	Informationen von Fitness-Apps abrufen

Kleiner Alleskönner oder Spion am Handgelenk?

Überschrift

Sie sieht aus wie eine Armbanduhr, kann aber viel mehr als nur die Zeit messen und das Datum anzeigen. „Smartwatch" heißt der kleine Minicomputer, der über die Fähigkeiten eines Mobiltelefons verfügt, sich aber unauffällig ums Handgelenk schmiegt. Weil sich immer mehr Menschen für den Kauf und die Nutzung einer Smartwatch entscheiden, stellt sich die Frage nach den Vor- und Nachteilen dieses neuartigen Alltagsbegleiters.

Einleitung

Was ist eine Smartwatch?

Überleitung zum Thema: Aufgreifen der Fragestellung

Was am meisten für die Nutzung der kleinen Alleskönner spricht, ist ihre Größe. Während die Handys mit ihren überdimensionierten Displays kaum noch Platz in einer Hosentasche finden, muss man sich bei der Smartwatch keine Sorgen mehr machen, dass man sie wie das Handy irgendwo verlegt oder in den Tiefen eines Rucksackes versenkt. Denn die Watch, wasserfest und stoßgesichert, wird ums Handgelenk geschnallt und begleitet einen den ganzen Tag. Und da die Smartwatch mit dem Handy verbunden ist, verpasst man keine eingehenden Nachrichten oder Terminerinnerungen mehr, auch wenn man das Handy wieder mal irgendwo verkramt hat.

Hauptteil

Vorteile der Smartwatch:

- erstes Argument: Größe / Handlichkeit gegenüber dem Mobiltelefon

Aus der engen Verbindung mit dem Körper folgt auch das zweite Argument: Lädt man die entsprechenden Apps auf die Smartwatch, kann sie wichtige Körperfunktionen messen und bei Bedarf Alarm schlagen. Winzige Module überwachen Puls und Blutdruck, Blutzuckerspiegel und Körperfettanteil. Damit ist der Smartwatch-Träger immer auf dem Laufenden über seinen Gesundheitszustand und kann die Arztbesuche auf das Nötigste beschränken.

- zweites Argument: Messung von Gesundheitsdaten

Wer gesund ist und mit diesen Werten keine Probleme hat, sieht dennoch in einer weiteren Anwendungsmöglichkeit ein Argument, das für die Smartwatch spricht: Fitness-Apps informieren über Laufstrecke, Kalorienverbrauch und Schlafqualität. Weil sie auch maßgeschneiderte Workouts zusammenstellen und an versäumte Trainingseinheiten erinnern, ersetzen sie sogar den teuren Personalcoach.

- drittes Argument: die Smartwatch als Fitnesstracker

Natürlich gibt es auch Einwände gegen die Nutzung der Smartwatch.

Überleitung zu den Gegenargumenten

Ein Argument, das gegen die Smartwatch spricht, ist der vergleichsweise geringe Mehrnutzen gegenüber dem herkömmlichen Mobiltelefon. Die Fitness- und Gesundheits-Apps funktionieren auch auf dem Handy, gleichzeitig ist das Telefonieren und Versenden von Nachrichten mithilfe der Smartwatch aufgrund des winzigen Displays äußerst unkomfortabel. Und da man für die meisten Funktionen das Handy als Basisgerät ohnehin braucht, ist die Smartwatch eigentlich ein teures und überflüssiges Gadget.

Nachteile der Smartwatch:

- erstes Argument: geringer Mehrnutzen gegenüber dem Handy

Was auch gegen die Nutzung einer Smartwatch spricht, sind die Missbrauchs- und Betrugsmöglichkeiten, z. B. bei Klausuren und Prüfungen. Da der kleine Computer optisch kaum von einer herkömmlichen Armbanduhr zu unterscheiden ist und sich zudem unauffällig unter dem Pulloverärmel verbergen lässt, kann man ihn leicht in die schriftliche Prüfung einschmuggeln. Zwar ist das Mitführen elektronischer Hilfsmittel verboten und man geht ein hohes Risiko ein, doch weil man immer wieder von aufgeflogenen Spick- und Schummelversuchen liest, bedeutet das im Umkehrschluss, dass Prüflinge auf die Hilfe aus dem Internet setzen. Ein weiteres Beispiel für Betrugsmöglichkeiten mit der Smartwatch ist die Umgehung des Verbots von Foto-, Film- oder Audioaufnahmen. Die Smartwatch ist so klein, dass es kaum auffällt, wenn man die entsprechenden Funktionen aktiviert und unerlaubt Fotos, Filme oder Audiomitschnitte erstellt.

- zweites Argument: Missbrauchs-/Betrugsmöglichkeiten: in Schule und Uni

  Umgehen von Fotografier- und Filmverboten

Das wichtigste Argument gegen die Verwendung einer Smartwatch ist der lückenhafte Datenschutz. Das Gerät sitzt hauteng am Körper, zeichnet Bewegungsprofile auf, sammelt körperbezogene Daten und hört Gespräche mit. Es gibt keine Garantie, dass sensible Informationen z. B. über den eigenen Gesundheitszustand nicht doch an der falschen Stelle wie z. B. Krankenkassen und Versicherungen landen. Gerade der Einsatz von Bluetooth macht die kleinen Geräte angreifbar. Verbunden mit der großzügigen Freigabe von Standort- und persönlichen Gesundheitsdaten wird der Smartwatch-Träger zum gläsernen Menschen.

- drittes Argument: mangelhafter Datenschutz

Ich bin der Auffassung, dass die Nachteile bei der Frage „Pro und Kontra Smartwatch-Nutzung“ überwiegen. Wenn schon das Handy ein gieriger und zunehmend schwer zu kontrollierender Datensammler ist, gibt man mit dem Tragen einer Smartwatch noch mehr von sich preis. Wem der Gedanke unangenehm ist, dass Behörden, Institutionen oder auch Versandhäuser allzu viel über die eigene Privatsphäre wissen, der sollte auf das Tragen einer Smartwatch lieber verzichten.

Schluss

Fazit / eigene Meinung

Bekräftigung des wichtigsten Arguments

Abschlussprüfung Deutsch an Realschulen in Hessen 2020
Sprachliche Richtigkeit

II.B: Sprachliche Richtigkeit

1. ***Hinweis:*** *Du darfst nicht mehr als zwölf Fehler markieren, denn nur die ersten zwölf werden mit jeweils einem halben Punkt gewertet. Für fehlerhafte Korrekturen gibt es keinen Punkt.*

   Unter „Geocaching“ versteht man eine moderne Art der ~~Schnitzeljagt~~ **Schnitzeljagd**[1]. „Geo“ steht für die Erde und „Cache“ für ein geheimes Lager. Bei dieser ~~elecktronischen~~ **elektronischen**[2] Schatzsuche versteckt jemand eine wasserdichte Box**,** (**fehlendes Komma**)[3] worin sich ein ~~sogenantes~~ **sogenanntes**[4] Logbuch und Dinge befinden, die als Schatz dienen. Derjenige, der die Box versteckt, notiert später im Internet, wo sie mithilfe von ~~Kordinaten~~ **Koordinaten**[5] zu finden ist. Um die Stelle ausfindig zu machen, kann man GPS-Geräte, Smartphones oder sehr genaue ~~Landtkarten~~ **Landkarten**[6] nutzen. Wer den Schatz ~~endeckt~~ **entdeckt**[7] hat, öffnet die Box, trägt sich mit einem Fantasienamen in das Logbuch ein und darf das, was sich darin befindet, austauschen. ~~Anschliesend~~ **Anschließend**[8] wird die Box an dem Ort belassen**,** (**fehlendes Komma**)[9] damit auch andere Personen weiterhin danach suchen können. Im Internet notiert man dann, dass man den Schatz gefunden hat. So weiß auch der Mensch, der den Schatz versteckt hat**,** (**fehlendes Komma**)[10] was sich am Versteck tut. Geocaching gibt es bereits über fünfzehn Jahre lang. Die Idee hatte ein Mann namens Dave Ulmer aus den USA. Er vergrub einen schwarzen Plastikeimer mit CDs, Videokassetten, Geldscheinen, einem Buch, einer Steinschleuder und einer Dose mit ~~Bonen~~ **Bohnen**[11]. Danach schrieb er im Internet, wo die Sachen zu finden sind. Eine Regel lautet, ~~das~~ **dass**[12] man für alles, was man aus der Box entnimmt, wieder etwas hineinlegen muss.

   Nach: http://www.nachrichtenfuerkinder.de/wissen/technik/article/geocaching-die-moderne-schnitzeljagd (abgerufen am 14.05.2019).

   Hinweis: 1) *Schnitzeljag**d** – Als Nomen wird „die Jagd“ in allen ihren Verbindungen mit „d“ geschrieben, das Verb „jagen“ hingegen bekommt in seinen verschiedenen Zeit- und Personalformen ein „t“ (z. B. Er jag**t**, sie jag**t**en).* ***2)*** *ele**k**tronisch – In Fremdwörtern schreibt man auch nach einem kurzen Vokal kein „ck“.* ***3)*** *Komma zwischen Haupt- und Relativnebensatz; das Relativpronomen versteckt sich in diesem Fall in „worin“, das durch „in welcher“ ersetzt werden* *könnte.* ***4)*** *sogena**nn**tes – abgeleitet von „nennen“; Doppelkonsonant nach kurzem Vokal.* ***5)*** ***Koo**rdinaten – Fremdwort, zusammengesetzt aus der Vorsilbe „Ko“ (= mit/miteinander) und „Ordinaten“ (= Lagepunkte).* ***6)*** *Lan**d**karten – durch Wortverlängerung wird die Schreibweise deutlich: Land – Län**d**er.* ***7)*** ***ent**-deckt – Zusammensetzung aus der Vorsilbe „ent-“ und dem Verb „decken“; gleichbedeutend mit „finden“.* ***8)*** *Anschlie**ß**end – scharfes „ß“ nach lang gesprochenem Doppelvokal „ie“.* ***9)*** *Komma zwischen Hauptsatz und adverbialem Nebensatz, in diesem Fall einem Finalsatz, der eine Absicht, einen Zweck oder ein Ziel angibt.* ***10)*** *Es muss am Anfang und am Schluss des eingeschobenen Relativnebensatzes ein Komma stehen.* ***11)*** *Bo**h**nen – das „h“ ist ein Dehnungszeichen und macht deutlich, dass es sich bei dem „o“ um einen lang gesprochenen Vokal handelt.* ***12)*** *Die Konjunktion „da**ss**“ leitet hier die Nebensatzfolge ein; man erkennt sie auch daran, dass man sie weder durch „dies/dieses“, „jenes“ noch durch „welches“ ersetzen kann.*

2. ***Hinweis:*** *Markierst du mehr als vier Wörter, wird deine Lösung nicht gewertet.*

   c) Am Morgen vor dem starten musste jemand das Aufpumpen der Reifen übernehmen.

   Hinweis: *Durch den Artikel „dem“ wird das Verb „starten“ zum Nomen, vergleichbar mit „das Aufpumpen“ im selben Satz.*

   d) Letztes Jahr beschwerte sich Christian: „ ich habe keine Lust zu pumpen!“

   Hinweis: *Alle Satzanfänge, auch wenn es sich wie hier um eine wörtliche Rede handelt, beginnen mit einem Großbuchstaben.*

   f) Daher kümmerte er sich um ein Paar Salate, leckere Würstchen und frisches Brot.

   Hinweis: *Das Wort „paar“ wird immer dann kleingeschrieben, wenn es wie hier die Bedeutung von „mehrere“ oder „einige“ hat. Als „Paar“ bezeichnet man zwei Menschen oder Dinge, die zusammengehören (Romeo und Julia waren ein Paar. Sie leistet sich ein Paar neue Sneaker.)*

   k) Am Abend machten wir uns als erstes hungrig über das Essen her.

   Hinweis: *„Erstes“ ist in diesem Satz ein Nomen, weil kein weiteres Nomen folgt, auf das sich das Zahlwort direkt bezieht (vgl.: Zum ersten Mal …).*

3. *Hinweis: Für jede richtig bestimmte Wortart **einschließlich** der richtigen Schreibweise gibt es jeweils einen Punkt. Halbe Punkte werden nicht vergeben.*

Das Alpenmurmeltier, **das (R)**[1] mit den Eichhörnchen verwandt ist und im Gebirge lebt, ist eine von weltweit fünfzehn Murmeltierarten. Es ist bekannt, **dass (K)**[2] sich eine Sippe mit bis zu zwanzig Tieren einen unterirdischen Bau teilt. Für **das (A)**[3] Leben im Untergrund und den Tunnelbau sind sie perfekt ausgestattet. Sie bauen sich ihre Tunnel selbst. **Das (D)**[4] gelingt ihnen, indem sie mit ihren Nagezähnen die Erde auflockern und sich mit ihren Grabpfoten vorwärtsbewegen. Im Verlauf des Winterschlafs, **das (D)**[5] konnte man beobachten, verliert der Nager fast ein Drittel seines Gewichtes.

Nach: https://www.geo.de/geolino/tierlexikon/2097-rtkl-tierlexikon-alpenmurmeltier (abgerufen am 14. 05. 2019)

***Hinweis:** **1)** Das Relativpronomen leitet den Nebensatz ein und bezieht sich auf das vor dem Komma stehende Nomen „Alpenmurmeltier“. **2)** Die Konjunktion „dass“ leitet hier einen als Inhaltssatz fungierenden Nebensatz ein, ohne den der einleitende Hauptsatz wenig aussagekräftig wäre. **3)** Der bestimmte Artikel „das“ steht als Begleiter für das Nomen „Leben“. **4)** Demonstrativpronomen, ersetzbar mit „dies“. Da es weder ein unmittelbar folgendes noch ein vorausgehendes Nomen gibt, kann „das“ hier kein Artikel und auch kein Relativpronomen sein. **5)** Auch in diesem Fall handelt es sich um ein Demonstrativpronomen, da der eingeschobene Satz ein Hauptsatz ist, der sich auf die im ersten Hauptsatz beschriebene Beobachtung bezieht und nicht auf ein einzelnes Nomen.*

4. *Hinweis: Für jeden richtig umgeformten Haupt- oder Nebensatz wird ein Punkt vergeben. Achte darauf, dass die vorgegebene Zeitform bei der Umwandlung beibehalten wird. Fehlen Satzglieder oder ist die Zeitform falsch, gibt es für den jeweiligen Satz keinen Punkt. Im zweiten Satz sind zwei Verbformen mit unterschiedlichen grammatischen Zeiten umzuwandeln. Für Fehler in der Rechtschreibung und Zeichensetzung wird dir ein halber Punkt pro Satz abgezogen.*

Aktiv	**Passiv**
Zunächst stellt man die Zutaten für den Zitronenkuchen bereit.	**Die Zutaten für den Zitronenkuchen werden zunächst bereitgestellt.**

Nachdem man die Zutaten abgewogen hat, verrührt man sie zu einem Teig.	**Nachdem die Zutaten abgewogen worden sind, werden sie zu einem Teig verrührt.**
Nun füllt man den Teig in eine Kastenform.	Nun wird der Teig in eine Kastenform gefüllt.
Man backt den Kuchen bei 180 Grad für 25 Minuten.	Der Kuchen wird bei 180 Grad für 25 Minuten gebacken.

Hinweis: *Meistens wird in Back- und Kochrezepten in der Aktivform statt einer handelnden Person das allgemeine „man" als Subjekt verwendet. Bei der Umformung in die Passivform tritt das Akkusativobjekt an die Stelle des Subjektes: „Die Zutaten für den Zitronenkuchen", „die Zutaten, „sie". Infolgedessen verschwindet das „man" und es gibt überhaupt keine handelnde Person bzw. keinen „Täter" mehr. Das Verb erscheint dann im Partizip II („bereitgestellt", „abgewogen", „verrührt"), zusätzlich wird das Hilfsverb „werden" je nach benötigter Zeitform in der konjugierten Form verwendet, in diesem Fall „werden" und „worden sind".*
Bei der Umwandlung von der Passiv- in die Aktivform hingegen muss man ein Subjekt/einen „Täter" („man") hinzufügen, da das Subjekt des Passivsatzes zum Akkusativobjekt im Aktivsatz wird („den Teig", „den Kuchen").

Abschlussprüfung Deutsch an Realschulen in Hessen 2021
Text 1

Teil I: Lesen

Hinweis: *Von den vier Antwortmöglichkeiten in den Aufgaben 1 bis 3 ist immer nur eine Lösung richtig. Sind mehrere Möglichkeiten angekreuzt, wird kein Punkt vergeben.*

1. a) ☒ Lacher.

   Hinweis: *Z. 9f., 23: „Ich bin Lacher."*

   b) ☒ ausgesprochen gefragt.

   Hinweis: *Z. 13–15: „[…] ich lebe gut, denn mein Lachen ist […] gefragt."*

   c) ☒ beschwerlich.

   Hinweis: *Z. 60–62: „Ich aber schleiche dann erschöpft zur Garderobe […], glücklich darüber, dass ich endlich Feierabend habe."*

   d) ☒ niemals.

   Hinweis: *Z. 78f.: „[…] denn ich lache nach Feierabend nie."*

   e) ☒ ernster

   Hinweis: *Z. 79: „Ich bin ein todernster Mensch […]."*

2. a) ☒ sehr selbstsicher ist.

   Hinweis: *Dass das Wort „sicher" hier „selbstsicher" bedeutet, erkennt man daran, dass es im Gegensatz zu „verlegen" verwendet wird. Der Lacher wird bei der Frage nach seinem Beruf rot und stammelt, d. h., er ist in dieser Situation unsicher im Sinne von nicht selbstsicher. Dieses Verhalten scheint eher untypisch für ihn zu sein, denn er gilt eigentlich als ein (selbst)sicherer Mensch.*

   b) ☒ andere Menschen zum Mitlachen bringt.

   Hinweis: *Wie eine ansteckende Krankheit überträgt sich die Heiterkeit des Lachers auf die Menschen in seiner Umgebung. Sie können sich nicht dagegen wehren, mitzulachen.*

c) ☒ seine Situation bedauert.

Hinweis: „Geschick" ist eine veraltete Bezeichnung für „Schicksal". Der Lacher leidet unter seinem Beruf.

d) ☒ zurückhaltend zu sein scheint.

Hinweis: „Verschlossen" bezieht sich darauf, dass der Lacher in seinem Privatleben wenig redet und nie lacht, seinen Mund also meist geschlossen hält und damit insgesamt wie „unter Verschluss" erscheint.

3. a) ☒ Nur B und D stehen im Text.

Hinweis: ***Aussage A*** *trifft nicht zu, denn der Lacher „liebt die Wahrheit" (vgl. Z. 22).* ***Aussage B*** *trifft zu, denn in den Zeilen 25 bis 35 und 38 bis 45 beschreibt der Lacher ausführlich, welche Lachvariationen er beherrscht.* ***Aussage C*** *stimmt nicht, wie in Zeile 90 f. klar wird: Auch seine Frau hat das Lachen verlernt. Für* ***Aussage D*** *findet sich in den Zeilen 102 bis 104 ein Hinweis: Der Lacher ist immer „ein ernster Junge gewesen".*

b) ☒ Nur C und D stehen im Text.

Hinweis: Der Lacher und seine Frau „führen eine stille, eine friedliche Ehe" (Z. 90). Aus dieser Textstelle ergibt sich, dass ***Aussage A*** *falsch ist. Für* ***Aussage B*** *findet sich kein Hinweis im Text. Die Frau des Lachers lacht nur deshalb nicht, weil sie „das Lachen verlernt hat" (Z. 91).* ***Aussage C*** *trifft zu, denn in Zeile 91 f. heißt es: „Hin und wieder ertappe ich sie bei einem Lächeln […]." Auch* ***Aussage D*** *stimmt, denn in den Zeilen 82 bis 85 wird deutlich, dass die Frau des Lachers die Situation akzeptiert hat und sich inzwischen ebenso verhält wie ihr Mann.*

4. *Hinweis: Für jedes zutreffende und belegte Merkmal wird ein Punkt vergeben. Als Belege gelten Zitate, Zeilenangaben oder Umschreibungen. Auch Verweise auf Textausschnitte oder Teile der Erzählhandlung werden als Belege akzeptiert. Für das Nennen oder Aufzählen von Merkmalen ohne Beleg gibt es keine Punkte.*

Mögliche Lösungen:

- Z. 1–3: Offener Anfang ohne Einleitung; es fehlen z. B. Hinweise auf Ort oder Zeit der Handlung.
- Z. 105 f.: Offener Schluss: Die Handlung hört abrupt auf; der Schlusssatz erzeugt Betroffenheit bei den Leser*innen und regt dazu an, über das erzählte Geschehen und die Situation des Lachers nachzudenken.

- Es gibt keine ausführliche Handlung. Der Lacher beschreibt seinen Beruf und seine Einstellung dazu.
- Es gibt nur wenige handelnde Personen, nämlich den Lacher und seine Frau.
- Die Personen haben keine Namen, es werden nur ihr Beruf („Ich bin Lacher.", Z. 9 f.) oder ihre Beziehung zueinander genannt („meine Frau", Z. 82 f., 91).
- Keine konkreten Handlungsorte: Es werden die Spielstätten/Bühnen erwähnt, auf denen der Lacher auftritt, sowie sein Zuhause (vgl. Z. 52, 62 f.).
- Thema der Geschichte ist ein Konflikt, der viele Menschen betrifft: Der Lacher ist unglücklich mit seinem Beruf, weil er nicht zu seiner Persönlichkeit passt.
- Es gibt nur einen Handlungsstrang, der auf den Höhepunkt am Ende zuführt: Der Lacher kann viele Spielarten von Gelächter so glaubwürdig imitieren, dass seine Umgebung davon angesteckt wird. Sein eigenes Lachen kennt er jedoch nicht, vielleicht hat er gar keins.

5. ***Hinweis:** Einen Punkt gibt es, wenn du richtig erklärst, was eine Parenthese ist. Kannst du dazu noch die Wirkung des Stilmittels im Textzusammenhang verdeutlichen, gibt es zwei weitere Punkte. Der Textverweis kann als Zitat, Umschreibung oder auch nur als Zeilenangabe erfolgen.*

   Mögliche Lösungen:
   Erklärung des Stilmittels: Als Parenthese bezeichnet man die Unterbrechung eines Satzes durch einen Einschub, erkennbar an Gedankenstrichen, Klammern oder Kommas.

   Wirkung des Stilmittels im Text:
   Mit dem Einschub unterbricht der Erzähler seinen Gedankenfluss, weil ihm offenbar in diesem Moment einfällt, dass seine Mitmenschen mit ihrer Einschätzung möglicherweise richtig liegen: Er ist sich zwar nicht ganz sicher, aber vielleicht ist er wirklich ein Pessimist.

6. ***Hinweis:** Bei dieser Aufgabe sollst du etwas erläutern, d. h., du sollst bestimmte Zusammenhänge der Erzählung mit eigenständigen Formulierungen und passenden Textbelegen deutlich machen und damit zeigen, dass du den Text verstanden hast. Für jede schlüssige Erläuterung mit Bezug auf eine Textstelle (Zeilengabe, Umschreibung oder Zitat) und die dazu passende Erläuterung werden jeweils zwei Punkte vergeben. Fehlt der Textverweis, gibt es nur noch einen Punkt, das bloße Nennen oder Zitieren einer Textstelle hingegen wird mit null Punkten bewertet.*

Mögliche Lösungen:

- Der erste Widerspruch im Charakter des Erzählers zeigt sich bereits am Anfang des Textes: Der Lacher bezeichnet sich als einen „sichere[n] Mensche[n]“ (Z. 3), schämt sich aber, wenn man ihn nach seinem Beruf fragt (vgl. Z. 1 f.).
- In Bezug auf seinen Beruf hat der Lacher lange Zeit gelogen und sich als Schauspieler ausgegeben (vgl. Z. 17–22), er behauptet aber, die Wahrheit zu lieben (vgl. Z. 22).
- Der Erzähler ist seit seiner Kindheit ein ernster und verschlossener Mensch (vgl. Z. 79, 102–106); dass er mit Lachen sein Geld verdient, passt nicht zu diesem Wesenszug und ist deshalb ein Widerspruch.
- Der Erzähler kennt zahllose Lachvarianten, kann sie imitieren und steckt seine Mitmenschen damit an (vgl. Z. 25–35, 38–45, 48). Nur sein eigenes Lachen ist ihm unbekannt (vgl. Z. 105 f.).

7. a) ✎ ***Hinweis:*** *Beim Erklären soll deutlich werden, was mit einer bestimmten Textaussage gemeint ist. Das Besondere an diesem Zitat ist, dass es zwei Aspekte einander gegenüberstellt, die auch beide erklärt werden müssen. Für die volle Punktzahl ist es also wichtig, dass das Gegensätzliche der beiden Aussagen in deiner Erklärung deutlich wird. Gehst du nur auf einen Teil des Zitats ein, gibt es zwei Punkte.*

   Mögliche Lösungen:

   - Während Clowns und Komiker ihre Bühnenshows mit der Absicht präsentieren, Freude und Heiterkeit beim Publikum auszulösen, ist die Reaktion des Lachers nur gespielt. Er sieht seine Aufgabe nicht darin, mit seiner Darstellung die Menschen zu belustigen, sondern lacht „auf Bestellung“, um die Darsteller auf der Bühne, deren Witze bisweilen nicht überzeugen können, im richtigen Moment zu unterstützen.
   - Die vielen Arten zu lachen, die der Erzähler inzwischen beherrscht, sind das Handwerkszeug seines Berufs. Er ist stolz darauf, zu jeder Situation das passende Lachen liefern zu können. Damit will er nicht unterhalten, sondern einen Menschen spielen, der sich über etwas amüsiert.

   b) ✎ ***Hinweis:*** *Wie bei Aufgabe 7. a enthält auch dieses Zitat zwei Aussagen, deren Bedeutung in deiner Erläuterung schlüssig formuliert werden soll. Dafür gibt es insgesamt vier Punkte. Wird nur ein Aspekt erläutert, werden zwei Punkte vergeben. Fehlt der Textverweis, gibt es noch einen Punkt, das bloße Nennen oder Zitieren einer Textstelle hingegen wird mit null Punkten bewertet.*

Mögliche Lösungen:

- Der Lacher kann das typische Gelächter unterschiedlicher Altersgruppen, Gesellschaftsklassen, Nationalitäten, Berufe und Gemütszustände perfekt imitieren (vgl. Z. 25–35, 38–45). Er ist so gut in diesem Beruf, dass er sowohl für Schallplattenaufnahmen und Hörspiele gebucht wird (vgl. Z. 36–38) als auch für Bühnenshows, in denen er fast jeden Abend das Publikum zum Mitlachen animieren muss (vgl. Z. 51–54). Diese Tätigkeit ist so anstrengend, dass er im privaten Leben das Lachen vermeidet (vgl. Z. 78 f.), um seine Gesichtsmuskeln zu entspannen (vgl. Z. 85–88). Deshalb weiß er nicht, wie sein eigenes Lachen klingt.
- Der Lacher war kein fröhliches Kind (vgl. Z. 102–104), ist ein „todernster Mensch" (Z. 79) und geht mit „unbewegter Miene" (Z. 99) durch sein Leben. Er macht sich sogar häufig Gedanken darüber, ob er wohl je gelacht hat (vgl. Z. 101 f.), denn die vielfältigen Lachvarianten, die er in seinem Berufsleben einsetzt, sind nur angelernt und spiegeln nicht seine eigene Freude oder Heiterkeit wider. Deshalb kennt er sein eigenes Lachen nicht.

8. ***Hinweis:** Für die volle Punktzahl muss anhand von zwei verschiedenen Textstellen der Zusammenhang zwischen dem Beruf des Lachers und dem geschichtlichen Hintergrund schlüssig herausgearbeitet werden. Wird nur ein Textbeleg zur schlüssigen Herausarbeitung herangezogen, werden zwei Punkte vergeben. Fehlt der Textbezug, gibt es noch einen Punkt. Der Textbezug kann als Zitat, Zeilenverweis oder Umschreibung erfolgen. Für das bloße Nennen oder Zitieren einer Textstelle gibt es keinen Punkt.*

   Mögliche Lösungen:
   (Zwei der im Folgenden aufgezählten Aspekte müssen für die volle Punktzahl so oder ähnlich genannt werden.)

   - Weil der Lacher neben seinen vielen verschiedenen Lachvarianten auch das ansteckende Lachen beherrscht (vgl. Z. 47 f.), sind seine Dienste besonders bei minderklassigen Komikern gefragt (vgl. Z. 49–54), denen er auf diese Weise zum Erfolg verhelfen kann. Das Publikum fühlt sich auf der Suche nach Ablenkungen jeder Art gut unterhalten und misst der Qualität der Aufführung weniger Bedeutung bei.
   - Die Unterhaltungsindustrie produziert Schallplatten und Hörspiele (vgl. Z. 36–38), um die Fröhlichkeit in die privaten Haushalte zurückzubringen. Der Lacher kann dank seiner Fähigkeiten das gewünschte Lachen der jeweiligen Rolle anpassen und damit für die lange vermisste Heiterkeit sorgen.

- Die Nachfrage nach künstlerischer Unterhaltung auf Bühnen und in Varietés ist nach den Schrecken und Entbehrungen des Krieges und der Nachkriegszeit offenbar so groß, dass der Lacher von seinem Beruf sehr gut leben kann und anscheinend fast jeden Abend ausgebucht ist (vgl. Z. 51 f.).
- Die Fröhlichkeit des Lachers ist nur gespielt; sie überdeckt seinen ernsten Charakter sowie seine pessimistische Lebenseinstellung (vgl. Z. 79–81). Genauso überspielen die Menschen der Nachkriegszeit mit ihrer Suche nach leichter Unterhaltung ihre schlimmen Erlebnisse und Erinnerungen.

9. ***Hinweis:** Die Frage ist so formuliert, dass du der Aussage zustimmen, sie ablehnen oder eine vermittelnde Position einnehmen kannst. Wichtig ist in allen Fällen, dass du deine Haltung nachvollziehbar mithilfe geeigneter Textstellen begründest. Gelingt dir das, gibt es vier Punkte. Beziehst du dich nur auf eine Textstelle, erhältst du immerhin noch drei Punkte. Ist die Begründung schlüssig, es fehlt aber der Textbezug, gibt es noch zwei Punkte.*

Mögliche Lösungen:

Zustimmung:

Diese Aussage trifft auf den Lacher zu, denn er leidet unter dem Beruf, der nicht zu seinem Charakter passt. Schon als Kind hat er nie gelacht (vgl. Z. 102–104), nun bezeichnet er sich als „todernsten Menschen“ (vgl. Z. 79), der auf seine Umgebung pessimistisch wirkt. Dass er sich dennoch für den Beruf des Lachers entschieden hat, macht ihn zu einem unglücklichen Menschen, der „mit unbewegter Miene“ (Z. 99) durch sein Leben geht und außerhalb seiner Arbeit niemals lacht (vgl. Z. 78 f.). Sein Beruf erschöpft ihn (vgl. Z. 60 f.), und auf dem Weg zu seinen Auftritten hadert er mit seinem Schicksal (vgl. Z. 64–66). Auch auf sein Privatleben und seine nächsten Mitmenschen wirkt sich die verfehlte Berufswahl in negativer Weise aus. So hat seine Frau, die ihn zu Beginn der Ehe oft zum Lachen ermuntert hatte (vgl. Z. 82 f.), inzwischen resigniert und selbst „das Lachen verlernt“ (Z. 91). Vermutlich hat er wenige soziale Kontakte oder Freundschaften, denn das Lachen anderer macht ihn nervös (vgl. Z. 88 f.). Der Lacher kann von seinem Beruf zwar gut leben, aber eigentlich hasst er alles, was mit seiner Tätigkeit unmittelbar zusammenhängt (vgl. Z. 94 f.).

Ablehnung:

Die Dienste des Lachers sind so gefragt, dass seine Einkünfte ihm ein gutes Leben ermöglichen (vgl. Z. 13–15). Die finanzielle Sicherheit ist ein wichtiges Element bei der Berufsausübung. Seine Fähigkeit, auf vielfältige Weise zu lachen, ist offenbar konkurrenzlos, denn der Lacher ist „unentbehrlich geworden“ (Z. 36).

Diese besondere Kompetenz führt dazu, dass er von seinen Auftraggebern respektiert und gut behandelt wird (vgl. Z. 37 f.). Überdies ist er an der Produktion von Hörspielen beteiligt (vgl. Z. 37 f.) und kommt kostenlos ins Theater, worum ihn sicher viele Menschen beneiden. Auch ist der Beruf anspruchsvoll. Der Lacher muss zum richtigen Zeitpunkt mit der passenden „Lachdosis" in Aktion treten, um die gewünschte Reaktion auszulösen (Z. 54 f.: „Es muss Maßarbeit sein."). Weil die Bezahlung stimmt, er erfolgreich ist, Anerkennung genießt und seine Tätigkeit sich nicht in langweiliger Routine erschöpft, kann man meiner Meinung nach nicht davon sprechen, dass der Lacher seinen Beruf verfehlt hat.

Teil II: Schreiben

Teil II.A: Textproduktion (Wahlaufgabe)

a) Erzählung

Hinweis: ***Inhalt:*** *Die Redensart „Humor ist, wenn man trotzdem lacht“ beschreibt Humor als eine Fähigkeit, den Missgeschicken des Alltags mit Heiterkeit zu begegnen und sie damit zu entschärfen. Dazu gehört auch, über sich selbst lachen zu können. Ob du eine solche Situation selbst erlebt hast oder sie erfindest, ist bei diesem Thema nicht von Bedeutung. Insgesamt lässt dir die Erzählaufgabe einen großen Gestaltungsspielraum. Damit sie zum Thema passt, sollte sie im Kern natürlich lustig sein.*

Aufbau: *Bezüglich des Aufbaus musst du wie bei jedem Text bestimmte formale Vorgaben berücksichtigen, da diese neben dem Inhalt Grundlage der Bewertung sind: Gib deiner Erzählung eine treffende* **Überschrift**. *Schreibe eine kurze* **Einleitung**, *die Aufschluss über Zeit, Ort und Personen der Handlung gibt. Führe die Handlung im* **Hauptteil** *über einen Spannungsbogen geradlinig und ohne große Umwege zum* **Höhe- oder Wendepunkt** *hin, sodass der „rote Faden“ deiner Erzählung, d. h. die zentrale Botschaft, vom Anfang bis zum Ende erkennbar ist. Für das Ende kannst du dich für einen offenen* **Schluss** *wie in einer klassischen Kurzgeschichte entscheiden oder die Geschichte so enden lassen, wie die Handlung es eigentlich schon erwarten lässt.*

Sprachangemessenheit: *Vermeide Wiederholungen bei Satzbau und Wortwahl, sonst liest sich dein Text schnell langweilig. Verwende anschauliche Sprachbilder, z. B. Vergleiche und Metaphern, außerdem abwechslungsreiche Verben und Adjektive sowie wörtliche Rede. Achte auch darauf, die zu Beginn gewählte Erzählperspektive und Zeitform durchgängig einzuhalten. Du kannst sowohl in der Ich-Form schreiben als auch, wie bei dem folgenden Lösungsbeispiel, aus der Sicht einer der beteiligten Handlungsfiguren. Für Erzähltexte ist das Präteritum (Vergangenheit) die am besten geeignete Zeitform, verbunden mit dem Plusquamperfekt bei Vorzeitigkeit (Beispiel: „Nachdem er das Training beendet hatte, fuhr er nach Hause.“).*

Sprachrichtigkeit: *Fehler in der* **Rechtschreibung und Grammatik** *werden als ganze Fehler, die in der* **Zeichensetzung** *als halbe Fehler gewertet. Mit dem Fehlerindex wird berechnet, wie viele von maximal vier Punkten du für die Rechtschreibung bekommst.*

Tattoo for you

treffende Überschrift

Einleitung

Hauptpersonen, Ausgangssituation

Seit Tagen zerbrach Ben sich den Kopf, wie er Lisa beeindrucken und ihre Aufmerksamkeit auf sich ziehen könnte. Als sie im Wahlpflichtkurs „Natur und Technik“ per Losverfahren seiner Arbeitsgruppe zugeteilt worden war, hatte sie ihm zwar freundlich zugenickt, ihn aber ansonsten mit derselben Gleichgültigkeit behandelt, die er auch von anderen gewohnt war.

Hauptteil

Und das war ja auch kein Wunder: Lisa war cool und beliebt, während er zu den Stillen gehörte, den Unauffälligen im Hintergrund, zu denen, die gut in Mathe waren, immer ihre Hausaufgaben hatten und die anderen aus lauter Gutmütigkeit abschreiben ließen. Ben bewunderte Lisa schon seit der sechsten Klasse, als sie ihm den ersten Platz beim Vorlesewettbewerb weggeschnappt hatte. Aber nie hätte er sich getraut, sie anzusprechen – und jetzt hatten er und Lisa vier Wochen Zeit, gemeinsam eine Präsentation zum Thema „Der Traum vom Fliegen“ vorzubereiten. Ben war fest entschlossen, diese Chance zu nutzen und ihr zu zeigen, dass er nicht der nerdige Langweiler war, für den sie ihn wahrscheinlich hielt. Aber wie sollte er das bloß anstellen?

Ben bewundert Lisa und will sie beeindrucken, ist aber zu schüchtern, um sie anzusprechen.

Der Zufall kam ihm zu Hilfe. Als er am Nachmittag vom Fußballtraining mit dem Fahrrad nach Hause fuhr, sah er sie: Gemeinsam mit einer Freundin starrte sie fasziniert in das Schaufenster des schmuddeligen kleinen Tattoo-Studios, an dem Ben dreimal in der Woche achtlos vorbeiradelte. Ben traf es wie der Blitz – das war es! Wenn Lisa auf Tattoos stand, müsste er mit einer aufsehenerregenden Tätowierung in ihrem Ansehen mindestens drei Plätze aufrücken, rechnete Ben sich aus. Er wartete hinter der nächsten Ecke, bis die Mädchen kichernd und schnatternd in die andere Richtung verschwunden waren, parkte sein Fahrrad vor dem Laden und ging hinein. Ein bärtiger Typ in einer ärmellosen Lederweste, die Haut über und über mit bunten Bildern verziert, bohrte seine Blicke in ihn. Ben kamen Zweifel. „Kann ich bei Ihnen ein Tattoo machen lassen?“, brachte er trotzdem heraus und kam sich im selben Moment ziemlich dämlich vor, denn die Innenausstattung ließ keinen Zweifel daran, dass er hier

Ben glaubt, dass Lisa Tattoos mag, und hat eine Idee.

genau richtig war. Mit einer raumgreifenden Geste wies der Bärtige wortlos auf die zahllosen Motive, die dicht an dicht die Wände des Ladens zierten. Ben zeigte auf ein Muster aus verschlungenen Wellen. „An so etwas dachte ich, um den Oberarm. Geht das?“ Der Ladeninhaber nickte, blätterte in einem Notizblock und brummte: „Morgen Nachmittag, vier Uhr. Mit Unterschrift der Eltern. Oder biste schon achtzehn?“ Daran hatte Ben in seinem Eifer natürlich nicht gedacht. „Ja, alles klar, dann bis morgen also“, stotterte Ben und verließ hastig den Laden.

Es gibt möglicherweise Hindernisse bei der Umsetzung seines Plans.

„Ein Tattoo? Was ist das denn für eine Idee? Passt doch gar nicht zu dir“, war die Reaktion seiner Mutter beim Abendessen, die Ben eigentlich schon erwartet hatte. „Und wieso nicht?“, platzte er wütend heraus. „Nur weil du denkst, dass ich so ein Lappen bin, meinst du, das passt nicht zu mir? Ben, der kleine Streber, der Angepasste, der immer die Klappe hält, das denkst du doch auch, ja?“, schluchzte er auf. „Aber ich bin nicht so! Ich will nicht mehr so sein!“ Die Mutter war sichtlich erschrocken. „Du liebe Zeit, natürlich denke ich nicht so. Du bist alt genug. Wenn du unbedingt willst, ich habe nichts dagegen“, versuchte sie ihn zu beruhigen.

Ben bekommt die Erlaubnis seiner Mutter.

Das Tätowieren am nächsten Tag war eine quälende Prozedur. Ben musste die Zähne zusammenbeißen, als die Nadelmaschine die empfindliche Innenseite seines Arms erreichte. Krampfhaft dachte er an das nächste Treffen der Arbeitsgruppe am Donnerstag in der kommenden Woche, bis dahin würden die Schmerzen vergessen und die zahllosen kleinen Wunden rings um seinen Oberarm verheilt sein.

Ben lässt sich tätowieren und malt sich Lisas Reaktion aus.

Als er am Donnerstag pünktlich den Computerraum betrat, war Lisa schon da und tippte auf ihrem Handy herum. „Wo sind Tobi und Jessica?“, fragte er. „Keine Zeit, alle beide. Wir fangen trotzdem schon an“, antwortete Lisa sichtlich verärgert. Bens Herz machte einen kleinen Freudensprung. „Ok“, sagte er gespielt gleichgültig und startete den Computer. Dann nahm er allen Mut zusammen. „Darf ich dich mal was fragen, Lisa?“ Sie schaute von ihrem Handy auf, ozeangrüne Augen mit glitzernden Bernsteinsplittern darin, er drohte zu versinken. „Klar“, sagte sie freundlich und legte das Handy

Ben hat Glück und ist mit Lisa allein.

Ben fasst sich ein Herz und fragt sie nach ihrer Meinung zu Tattoos.

weg. „Was, äh, ich meine, wie findest du … also was hältst du eigentlich von … Tattoos?“, stammelte er. Das Bernsteinglitzern in Lisas Augen erlosch augenblicklich. „Hm, weiß nicht. Kann ich nichts mit anfangen. Ich meine, man trägt ja auch nicht sein ganzes Leben lang dieselbe Hose, nur weil sie einem irgendwann mal gefallen hat. Wieso fragst du?“

Ben stürzte ungebremst in einen Abgrund. „Aber wieso, du warst doch bei dem Laden, ich dachte, du magst es, wegen dir habe ich … nein, was bin ich für ein Idiot!!!“ Ben wusste nicht, ob er lachen oder weinen sollte.

Lisas Reaktion macht Ben fassungslos; er erkennt seinen Irrtum und erzählt Lisa, was er getan hat.

Lisa hatte alle Mühe, sich aus seinen gestammelten Satzfetzen die ganze Geschichte zusammenzureimen. „Das hast du wegen mir gemacht?“, fragte sie ungläubig. „Zeig mal!“ Verzweifelt schob Ben seinen Pulloverärmel hoch. Eingehend betrachtete Lisa die dunkelblauen Wellen, die sich anmutig um Bens Oberarm schlängelten. „Sieht eigentlich gar nicht mal so schlecht aus. Hat sicher wehgetan.“ Ben nickte kläglich. „Und wieso warst du bei dem Laden?“, brachte er heraus. „Ach so, das. Jessi will ihrem Bruder zum Geburtstag einen Gürtel schenken, mit einem Totenkopf als Schnalle. Die haben da solches Zeug.“ Ben nickte. „Ich bin so ein Trottel!“ Beschämt suchte er Lisas Blick, sie schaute zurück, er sah ein kleines Zucken in ihren Mundwinkeln, ein amüsiertes Blitzen in ihren Nixenaugen, fühlte, wie in seiner Magengegend etwas zu beben begann, als zunächst winziges Kichern hochstieg, sich ausbreitete in seinem Brustkorb und schließlich explodierte in einem lauten und befreienden Gelächter, in das Lisa einstimmte, bis beide sich krümmten vor Lachen, nicht mehr aufhören konnten und dabei fast von ihren Stühlen fielen.

Lisa tröstet ihn.

Beide lachen über Bens unüberlegte Entscheidung.

Als es endlich vorbei war und sie schließlich wieder zu Atem gekommen waren, sagte Lisa erschöpft, während sie sich die Lachtränen aus den Augenwinkeln wischte: „Was bin ich froh, dass du so einer bist.“ Ben war irritiert. „Was meinst du mit ‚so einer‘?“, fragte er. „Dass du über dich selbst lachen kannst. Ich glaube, wir beide werden ein richtig gutes Team!“

Schluss
Happy End

b) Argumentation

*__Hinweis: Inhalt:__ Welche Vor- und Nachteile der regelmäßige Besuch klassischer Kulturveranstaltungen als fester Bestandteil des Unterrichts haben könnte, soll in dieser Erörterung thematisiert werden. Es geht also inhaltlich nicht um einen einzelnen Museumsbesuch, der gerade zum Thema im Kunstunterricht einer einzelnen Klasse passt, sondern um fest im Stundenplan verankerte Veranstaltungen für alle Schüler*innen. Sinnvoll ist es, in einer Tabelle die Pro- und Kontra-Argumente zu notieren und nach Wichtigkeit zu ordnen.*
__Aufbau:__ In der __Einleitung__ weist du auf die aktuelle Idee der Kulturexkursionen hin und leitest dann mit der Fragestellung zum Hauptteil über.
Im __Hauptteil__ führst du die Argumente für und gegen solche Kulturtage aus und stützt sie jeweils mit einem nachvollziehbaren Beispiel. Beginne mit den Argumenten, denen du nicht zustimmst, und ordne sie vom stärksten zum schwächsten Argument. Ergänze dann die Argumente, die du befürwortest. Hier solltest du mit dem schwächsten Argument beginnen. Erst im __Schlussteil__ äußerst du deine eigene Haltung zum Thema und bekräftigst sie mit dem überzeugendsten deiner Argumente.
Um für die __Sprachangemessenheit__ die volle Punktzahl zu erreichen, muss dein Text diese Aspekte erfüllen: richtige Verwendung der Zeitform (Präsens), sachliche und themabezogene Wortwahl, abwechslungsreicher Satzbau, Vermeidung von Wiederholungen. Im Bereich __Sprachrichtigkeit__ werden Rechtschreibung, Grammatik und Zeichensetzung mit maximal vier Punkten bewertet, die sich aus dem Fehlerindex ergeben (Rechtschreibung und Grammatik ganze Fehler, Zeichensetzung halbe Fehler).

Ideenliste/Stoffsammlung:

Nachteile	**Vorteile**
hohe Kosten	Unterstützung kultureller Einrichtungen
Ausfall von Unterricht	Abwechslung vom Unterrichtsalltag/Verbesserung des Lernklimas
fehlendes Interesse der Schüler*innen	Alle erhalten die Möglichkeit, Kunst live zu erleben.

„Bertha“ goes Ballett – sind feste Kulturtage sinnvoll?

Überschrift

Einleitung

aktuelle Diskussion um Einführung der Kulturtage

In der letzten Gesamtkonferenz haben die Schülervertretung der Bertha-von-Suttner-Schule und der Vorstand des Elternbeirats beantragt, die Durchführbarkeit fester Kulturtage zu prüfen. In allen Jahrgängen sollen demnach dreimal pro Halbjahr kulturelle Veranstaltungen wie z. B. Kino, Theater, Oper oder Ballett besucht werden. Seitdem bewegt die Schüler*innen, die Lehrkräfte und auch die Elternschaft die Frage, welche Vor- und Nachteile diese Form der Unterrichtsergänzung hat.

Überleitung zum Thema: Aufgreifen der Fragestellung

Nachteile der Kulturausflüge

Erstes Argument: hohe Kosten, besonders für Familien mit mehreren Kindern

Gegen die Einführung solcher Kulturtage spricht der finanzielle Aspekt. Inzwischen kostet schon eine einzelne Kinokarte fast zehn Euro, Tickets für Theater und Oper sind häufig um ein Vielfaches teurer. Selbst wenn der Eintritt für Schulgruppen meist ermäßigt ist, käme bei sechs Veranstaltungen pro Jahr eine stattliche Summe zusammen. Besonders Familien, die zwei oder mehr Kinder an der Schule haben, würden damit hoch belastet.

Zweites Argument: Unterrichtsausfall

Ein weiteres Argument gegen den regelmäßigen Besuch kultureller Veranstaltungen ist der damit verbundene Ausfall von Unterricht. Der Antrag sieht sechs Exkursionen pro Schuljahr vor, das würde mehr als eine Woche Unterrichtsausfall bedeuten. Rechnet man aus, wie viele Stunden regulären Unterrichts ohnehin wegen Krankheit von Lehrkräften oder Schüler*innen, Praktika, Projektwochen oder Hitzefrei nicht stattfinden, so würden bei Einführung von sechs Kulturausflügen pro Jahrgang durchschnittlich weitere 36 Stunden regulären Unterrichts ausfallen. Da trotzdem der Lernstoff erarbeitet und weiter Tests und Leistungskontrollen geschrieben werden müssen, hätte das eine weitere Zunahme der Arbeitsbelastung für die Schüler*innen zur Folge.

Drittes Argument: fehlendes Interesse der Schüler*innen

Was am meisten gegen die Einführung der Kulturtage spricht, ist das fehlende Interesse für derartige Veranstaltungen bei den meisten der Jugendlichen. Schüler*innen zwischen 12 und 18 Jahren haben ihre eigenen Vorstellungen und Vorlieben bezüglich Musik und Kunst. Wer gerne mit seinen Eltern oder auch Freunden ein klassisches Konzert, eine Ballettaufführung oder ein Museum besuchen möchte, kann das auch außerhalb der Schule tun. Die Mehrheit der Jugendlichen käme umgekehrt ja auch nicht auf die Idee, gemeinsam mit der Klasse zu einem Rockfestival oder einem Open-Air-Konzert zu gehen oder die neueste Netflix-Serie zu streamen. Somit wären die verpflichtenden Kulturausflüge verschwendete Zeit, die man sinnvoller nutzen könnte.

Trotz dieser Einwände spricht auch viel für die Einführung von Kulturtagen für alle Jahrgänge.

Überleitung zu den Pro-Argumenten

Wenn Schulgruppen regelmäßig ins Konzert, Theater, Kino oder Museum gehen, bedeutet das eine große finanzielle Unterstützung für die Künstlerinnen und Künstler sowie für die Veranstaltungshäuser. Sie können sich auf feste Einnahmen und eine bessere Auslastung ihrer Angebote verlassen. Vorstellbar ist, dass infolge dieser Planbarkeit der Publikumsnachfrage auch das Veranstaltungsprogramm und die Spielpläne den jungen Besucherinnen und Besuchern angepasst werden.

Vorteile der Kulturausflüge

Erstes Argument: Unterstützung für Veranstaltungshäuser und Künstler*innen

Ein weiteres Argument, das für den regelmäßigen Besuch kultureller Veranstaltungen mit der Klasse spricht, ist die Abwechslung vom Unterrichtsalltag, die solche Ausflüge bedeuten würden. Schüler*innen verbringen einen Großteil ihrer Schulzeit in der Klasse sitzend, häufig mit eintönigen und als lebensfremd empfundenen Aufgaben und Lerninhalten. Schon die Aussicht auf einen bald stattfindenden Ausflug würde die Stimmung in der Klasse heben und damit das Lernklima verbessern. Die Exkursion selbst beinhaltet mit Anreise, dem gemeinsamen Besuch der Veranstaltung, Rückkehr und Besprechung des Erlebnisses viele Eindrücke, die dem Unterrichtsalltag neue Impulse verleihen. Diesen Effekt kann man bereits jetzt nach jedem Ausflug oder außerschulischen Unterrichtsprojekt beobachten.

Zweites Argument: Abwechslung vom Unterrichtsalltag / Verbesserung des Lernklimas

Das wichtigste Argument für die Einführung regelmäßiger Kulturtage ist der damit verbundene Zugang zur Kunst für alle Kinder und Jugendliche. In vielen Familien ist der Besuch von klassischen Konzerten, Theater- oder Ballettaufführungen aus verschiedenen Gründen kein Thema. Kulturelle Bildung in dieser Form bleibt somit den Schülerinnen und

Drittes Argument: Zugang zu kulturellen Veranstaltungen für alle

Schülern vorbehalten, die privat mit ihren Eltern solche Veranstaltungen besuchen. Die meisten Jugendlichen haben keine Vorstellung von musealer Kunst, klassischer Musik oder auch zeitgenössischem Ballett und erhalten keine Gelegenheit, ein Opernhaus oder einen Konzertsaal von innen zu sehen. Um sich für Kulturveranstaltungen interessieren zu können, müssten sie sie frühzeitig kennenlernen. In Form von regelmäßigen Kulturtagen könnte die Schule ihrem Bildungsauftrag also gerecht werden.

Schluss

Fazit, eigene Meinung: eingeschränkte Zustimmung

Ich bin der Auffassung, dass die Vorteile bei der Frage „Ja oder Nein zu Kulturtagen an unserer Schule" überwiegen. Den Schülerinnen und Schülern wird damit die Möglichkeit geboten, einen wichtigen Teil kultureller Bildung ungefiltert zu erleben. Allerdings sollte man aus Kostengründen das Angebot auf zwei solcher Veranstaltungen pro Halbjahr beschränken, um die Belastung für Familien mit geringem Einkommen gering zu halten.

Abschlussprüfung Deutsch an Realschulen in Hessen 2021
Text 2

Teil I: Lesen

Hinweis: *In den Aufgaben 1 und 2 gibt es für jede richtige Lösung einen Punkt. Sind mehrere Möglichkeiten angekreuzt, wird kein Punkt vergeben.*

1. a) ☒ erstellt Fotocollagen aus Abfall.

   Hinweis: *vgl. Z. 6–13*

   b) ☒ berät die Schweiz in Umweltfragen.

   Hinweis: *vgl. Z. 44–47*

   c) ☒ Plastik sei nicht so umweltschädlich wie vermutet.

   Hinweis: *vgl. Z. 58–60*

   d) ☒ kommen Chemikalien zum Einsatz.

   Hinweis: *vgl. Z. 79f.*

   e) ☒ Asien und Afrika.

   Hinweis: *vgl. Z. 166–168*

2. a) ☒ keine Rolle mehr gespielt haben.

   Hinweis: *Die Personifikation sagt aus, dass in der emotional geführten Diskussion über Plastik die Vorteile dieses Materials nicht zur Sprache kommen.*

   b) ☒ verderben.

   Hinweis: *Wenn Lebensmittel „schlecht werden“ oder „verderben“, sind sie infolge von falscher oder zu langer Lagerung mit Keimen wie z. B. Bakterien oder Schimmelpilzen belastet und nicht mehr genießbar.*

   c) ☒ nicht mehr anbieten.

   Hinweis: *Die Waren, die z. B. ein Supermarkt anbietet, bezeichnet man als „Sortiment“. Die Zusammenstellung dieser Auswahl wird entsprechend der Kundennachfrage ständig angepasst.*

3. *__Hinweis:__ Für die richtige Antwort in Aufgabe 3 gibt es zwei Punkte. Sind mehrere Möglichkeiten angekreuzt, wird kein Punkt vergeben.*

☒ Nur C und D stehen im Text.

__Hinweis: Aussage A__ trifft nicht zu, da in den Zeilen 136–141 die Besonderheiten des Ladens beschrieben werden, der ganz auf Plastikverpackungen verzichtet. Auch __Aussage B__ stimmt nicht, denn aus den Zeilen 141–143 geht hervor, dass die Kunden ihre Stoffbeutel selbst mitbringen. __Aussage C__ trifft zu (vgl. Z. 147 f.), ebenso wie __Aussage D:__ „Selbst sie glaubt heute, dass Plastik nicht immer schlecht ist." (vgl. Z. 151 f.)

4. *__Hinweis:__ Die Merkmale eines journalistischen Textes (hier: Reportage) sollen nicht nur stichwortartig genannt, sondern auch mit passenden Textstellen belegt werden. Als Textbeleg gelten Zitate, reine Zeilenangaben, Verweise auf Textausschnitte oder Umschreibungen, die eine Aussage mit eigenen Worten wiedergeben. Für jedes richtig genannte und belegte Textmerkmal gibt es einen Punkt; für das bloße Nennen eines Merkmals ohne Textbeleg wird kein Punkt vergeben.*

Mögliche Lösungen:

- Interessante Überschrift

  __Hinweis:__ Die Überschrift erweckt Aufmerksamkeit, da ihre Aussage dem schlechten Image von Plastik widerspricht.
- Vorspann, Teaser, Lead (Z. 1–3)

  __Hinweis:__ Im Vorspann werden die wichtigsten inhaltlichen Aspekte des Artikels in Kurzform zusammengefasst.
- Szenischer oder erlebnisorientierter Einstieg (Z. 4–16)

  __Hinweis:__ Der Autor steigt in das Thema ein, indem er der Leserschaft die Büroräume der Deutschen Bank vor Augen führt, wo die Fotos des Künstlers Gabriel Orozco ausgestellt sind. So wird auf bildhafte und drastische Weise nicht nur die Problematik des Plastikmülls im Meer deutlich, sondern gleichzeitig auch auf den Zusammenhang zwischen der Wirtschaft und dem weltweiten Müllproblem hingewiesen.
- Zahlen, Daten, Fakten und Erläuterungen als Hintergrundwissen (z. B. Z. 13 f., 18–24, 31–39, 44–50)

  __Hinweis:__ Der Autor ergänzt und stützt die Resultate seiner Recherchen durch wissenschaftlich abgesicherte Ergebnisse aus Statistiken und Forschung.
- Expertenmeinung (z. B. Z. 50–52, 71–75, 124–129, 162–166)

Hinweis: Erfahrungsberichte von Fachleuten, Behörden und Umweltverbänden sichern die Äußerungen des Autors ab.

- Autorenkommentar (z. B. Z. 4–6, 17 f., 24–29, 30–35, 40–42)

  Hinweis: *Die Äußerung „Niemand kann bei diesen Bildern ungerührt bleiben" (Z. 17f.) gibt einen Hinweis auf die Haltung des Autors gegenüber der unter dem Plastikmüll leidenden Natur. Gleichzeitig macht er aber auch seine eigene differenzierte Einstellung zum Plastik deutlich (vgl. Z. 40–42).*
- Zitate von Betroffenen (Z. 152–155)

  Hinweis: *Der Autor lässt nicht nur Fachleute zu Wort kommen, sondern zitiert auch eine Ladenbesitzerin aus Kreuzberg, die ihre eigene Haltung zu Plastikverpackungen inzwischen verändert hat. Das verleiht dem Text besondere Aktualität und Lebensnähe.*
- Wahl der Zeitform: überwiegend Präsens, nur bei Vorzeitigkeit Formen der Vergangenheit (Z. 91 f.)

  Hinweis: *Die fast durchgängig verwendete Zeitform Präsens unterstreicht die Aktualität des Themas.*
- Fazit (Z. 180–188)

  Hinweis: *Am Ende fasst der Autor das Ergebnis seiner Recherche in Form eines Appells zusammen und greift zur Abrundung noch einmal auf das Eingangsbild der Müllcollagen des Künstlers Gabriel Orozco zurück.*

5. ***Hinweis:*** *Bei dieser Aufgabe sollst du zum einen erklären, was eine Personifikation überhaupt ist, und zusätzlich mit eigenen Worten deutlich machen, was diese Textstelle bedeutet. Die Erklärung des sprachlichen Mittels ist einen Punkt wert, wird die Bedeutung im Textzusammenhang richtig erklärt, werden zwei weitere Punkte vergeben. Als Textbezug gelten Zitate, Zeilenangaben oder Umschreibungen einer bestimmten Textstelle mit eigenen Worten.*

   Mögliche Lösung:

   Erklärung des Stilmittels: Wenn Gegenständen, Tieren, Pflanzen oder abstrakten Begriffen menschliche Eigenschaften oder Fähigkeiten zugeschrieben werden, bezeichnet man das als Personifikation.

   Bedeutung im Textzusammenhang: Die Kunststoffindustrie ist selbst daran schuld, dass Plastik inzwischen weltweit einen schlechten Ruf hat und überall „verteufelt" wird. Auf die wachsenden Probleme mit dem Plastikabfall hätte sie früher reagieren müssen und nicht abwarten sollen, dass z. B. Supermärkte und Verbraucher Ideen entwickeln, den Verpackungsmüll zu reduzieren (vgl. Z. 86–88, 138–141).

6. *Hinweis: Drei Punkte gibt es für eine zutreffende Erklärung des Stilmittels* ***und*** *seiner Wirkung. Wird nur das sprachliche Mittel erklärt, gibt es einen Punkt, für die Erklärung seiner Wirkung im Textzusammenhang zwei weitere. Der Textbezug kann als Zitat, Zeilenverweis oder Umschreibung erfolgen.*

   Mögliche Lösung:
   Erklärung des Stilmittels: Wer eine rhetorische Frage stellt, erwartet keine Antwort, weil sie z. B. schon bekannt ist oder sich so selbstverständlich aus der Fragestellung ergibt, dass es überflüssig ist zu antworten.

   Wirkung: Da der Autor in seinem Text die Vorzüge von Plastik gegenüber anderen Verpackungen dargestellt hat, wirkt die rhetorische Frage an dieser Stelle wie ein Fazit, in dem er seine eigene Meinung ausdrückt. Er empfiehlt, Plastik nicht pauschal abzulehnen und auch weiterhin zu verwenden, wo es sinnvoll ist.

7. a) ***Hinweis:*** *Beim Erläutern wird ein aus dem Text abzuleitender Sachverhalt mithilfe von Beispielen verständlich formuliert. Drei Punkte gibt es für jede schlüssige Erläuterung eines Beispiels aus dem Text. Fehlt der Textverweis, werden zwei Punkte vergeben. Eine Textstelle ohne Erläuterung wird nicht bewertet. Als Textbezug gelten Zitate, Zeilenangaben oder Umschreibungen.*

   Mögliche Lösungen:
   - Bei der Herstellung von Plastik wird vergleichsweise wenig Energie und Wasser benötigt (vgl. Z. 112–114), während die Produktion von Glas wegen der dafür benötigten Hitze sehr viel Energie kostet (vgl. Z. 60–62).
   - Das gilt auch für das Recycling: Um Glas zu recyceln (d. h. einzuschmelzen), muss man es auf über 1 000 Grad erhitzen (vgl. Z. 64–66). Plastik kann umweltschonend recycelt werden (vgl. Z. 160 f.), und bei der Verbrennung von Plastikmüll werden sogar Wärme und Strom erzeugt (vgl. Z. 175–177).
   - Für die Wiederverwendung als Pfandflasche müssen die gesammelten Glasflaschen über weite Strecken transportiert werden (vgl. Z. 69–71). Weil Glas viel schwerer ist als Plastik, kostet schon der Transport von Pfand-Glasflaschen mehr Energie als der von Plastik-Mehrwegflaschen (vgl. Z. 109–112).
   - Vor ihrer Wiederverwendung werden Glasflaschen heiß ausgespült, was natürlich auch wieder Energie kostet (vgl. Z. 68 f.).

b) *Hinweis: Beim Herausarbeiten sollen Informationen und Sachverhalte unter einer bestimmten Fragestellung aus dem Text entnommen und mit eigenen Worten wiedergegeben werden. Die Frage in dieser Aufgabe heißt: Welche* ***weiteren*** *Vorteile von Plastik lassen sich aus dem Text entnehmen? Das bedeutet, dass die in Aufgabe 7. a genannten Aspekte nicht noch einmal angeführt werden dürfen. Es gibt jeweils zwei Punkte für das schlüssige Herausarbeiten eines positiven Aspektes von Plastik, bezogen auf jeweils eine Textstelle. Fehlt der Textbezug, gibt es noch einen Punkt.*

Mögliche Lösungen:

- Wenn man ihre Lebensdauer betrachtet, sind Plastiktüten umweltfreundlicher als Papiertüten und Tragetaschen aus Bio-Baumwolle, wie eine Studie der dänischen Umweltschutzbehörde ergab. Die Herstellung von Papiertüten ist sehr aufwendig, und die Produktion von Baumwolle hat wegen des hohen Wasser- und Landverbrauchs eine schlechte Klimabilanz (vgl. Z. 90–108).
- Plastikverpackungen können helfen, die Lebensmittelverschwendung einzudämmen. Wer nur kleine Portionen eines Produktes verbraucht, z. B. bei Joghurt, ist mit einer Plastikverpackung besser bedient. Denn in den großen Halbliter-Behältern aus Glas bleiben häufig Reste übrig, die dann weggeworfen werden (vgl. Z. 119–129).
- Bei manchen Obst- und Gemüsesorten können Plastikverpackungen dafür sorgen, dass die Früchte nicht so schnell schrumpelig werden. Zwei bis drei Wochen bleibt eine eingeschweißte Gurke frisch, ohne Folie verliert sie schon nach wenigen Tagen Wasser (vgl. Z. 130–135).

8. ***Hinweis:*** *Beim Erklären sollen verschiedene Textinformationen verknüpft und verständlich gemacht werden. Dabei musst du möglicherweise auch auf eigenes Wissen/eigene Vorkenntnisse zurückgreifen: Was heißt in diesem Zusammenhang „Verteufelung"? Was bedeutet „allgegenwärtig"? Drei Punkte gibt es für eine zutreffende Erklärung im Textzusammenhang, Teilpunkte werden bei dieser Aufgabe nicht vergeben.*

Mögliche Lösung:

Der Ausdruck „verteufeln" bedeutet, etwas als schlecht und gefährlich hinzustellen. Mit dieser Aussage ist gemeint, dass Plastik generell und inzwischen in allen Verwendungsbereichen als umweltschädlich wahrgenommen wird und als Umweltsünde gilt. „[…] wenn Verbraucher irgendwo Gurken in Plastikfolie verpackt sehen, kann der Händler praktisch sofort einen Mitarbeiter für die Beschwerden abstellen“ (Z. 21–24). An dieser Textstelle wird deutlich, dass selbst die sinnvolle Nutzung, z. B. um die Haltbarkeit von Lebensmitteln zu verlängern (vgl. Z. 131–135), am schlechten Image von Plastik nichts ändert.

9. ***Hinweis:*** *Du kannst der Behauptung zustimmen, sie ablehnen oder eine abwägende Position vertreten, solange du deine Haltung nachvollziehbar begründest, gibt es dafür drei Punkte. Teilpunkte werden nicht vergeben. Auf den Text brauchst du dich bei dieser Aufgabe nicht zu beziehen.*

Mögliche Lösungen:

Zustimmung:

Es gibt kaum noch Gegenstände des täglichen Gebrauchs, die nicht wenigstens teilweise aus Plastik sind. Ob Fahrzeuge, Schreibgeräte, Küchenutensilien oder Kommunikationshardware, überall ist Plastik enthalten. Dazu kommen die zahllosen Verpackungen für Lebensmittel, Alltagsgegenstände und Hygieneartikel, die beim täglichen Einkauf in den Haushalten landen. Es ist also sehr schwer, die Nutzung von Plastik zu reduzieren. Trotzdem bin ich der Meinung, dass jeder versuchen sollte, in seinem persönlichen Umfeld weniger Plastik zu benutzen und z. B. beim Einkaufen bewusst nach Alternativen zu suchen, wo es möglich ist. Denn da Plastik nicht verrottet, sammeln sich die Überreste unseres Wohlstandsmülls in der Umwelt. Zudem werden gesundheitsschädliche Mikroplastikteilchen, zum Beispiel aus dem Abrieb von Autoreifen, ins Grundwasser gespült und gelangen auf diese Weise in die Nahrungskette.

Ablehnung:

Ich stimme dieser Behauptung nicht zu, denn Plastik ist besser als sein Ruf. Aus dem Text wird ersichtlich, dass z. B. Plastikverpackungen in der Ökobilanz besser abschneiden als die möglichen Alternativen aus Papier oder Glas. Besonders zum Transport und zur Aufbewahrung von Lebensmitteln haben sie sich bewährt, weil sie leicht und hygienisch sind. Zudem ist nicht nur die Recyclingquote bei Plastik ziemlich hoch, zusätzlich lässt sich mit der Verbrennung von Plastikmüll sogar noch Energie erzeugen. Auch wurde erwiesen, dass der Plastikmüll aus Deutschland nicht in den Weltmeeren landet, sondern dass die Abfälle in den Ozeanen überwiegend aus Afrika und Asien stammen. D. h., es muss zwar etwas gegen die Vermüllung der Meere getan werden, es spricht aber nichts grundsätzlich gegen die Nutzung von Plastik.

10. **_Hinweis:_** *Um die volle Punktzahl zu erreichen, musst du anhand von zwei eigenen Beispielen erläutern, wie man Plastik einsparen kann oder könnte.*

Mögliche Lösungen:

- Eine sinnvolle Möglichkeit, Plastik einzusparen, sind Nachfüllpacks für flüssiges Duschgel und Shampoo. Denn wenn die Flasche leer ist, ist sie ja noch lange nicht kaputt und kann wiederverwendet werden. Das Gleiche gilt auch für Flüssigseife und die meisten Putzmittel.
- Statt in Plastikschalen eingepacktes Obst und Gemüse zu kaufen, kann man entweder ganz auf eine Verpackung verzichten oder dünne Mehrwegnetze verwenden, die es inzwischen in vielen Supermärkten zu kaufen gibt. Bananen, Avocados und viele Südfrüchte benötigen mit ihrer dicken Schale keine Verpackung. Für größere Mengen kann man Behälter aus Pappe, hölzerne Obstkisten oder Stofftaschen verwenden.
- Noch nicht überall, aber an immer mehr Wurst- und Käsetheken kann man Plastik einsparen, indem man sich den Aufschnitt oder die Käsescheiben in mitgebrachte Edelstahlbehälter füllen lässt. Der Behälter wird vorher gewogen, sodass man nicht befürchten muss, zu viel zu bezahlen.
- Coffee to go wird immer beliebter. Die achtlos weggeworfenen Becher und ihre Deckel aus Plastik vermüllen die Landschaft. Hier könnte man Plastik einsparen, indem Kunden mitgebrachte Tassen befüllen lassen können oder Pfand auf die Behälter zahlen müssen. Dann müssten sich die Anbieter um die Entsorgung kümmern und es würde mehr Plastikmüll recycelt, statt in der Landschaft zu landen.
- Küchenhelfer wie Kochlöffel, Pfannenwender, Salatbesteck oder Schneebesen können statt aus Plastik auch aus Holz oder Edelstahl sein. Diese Materialien sind hygienisch einwandfrei und halten vermutlich sogar länger als die Plastikteile.

Teil II: Schreiben

II.A: Textproduktion (Wahlaufgabe)

a) Bericht

Hinweis: ***Aufbau/Inhalt:*** *In einem* ***Bericht*** *wird in sachlicher Sprache ein Ereignis aus der Vergangenheit dargestellt. Der Bericht enthält alle wichtigen Fakten, jedoch nicht die Meinung des Verfassers oder seine persönlichen Kommentare. Da das Ereignis bereits passiert ist, schreibt man in den Zeitformen der Vergangenheit (Ausnahme: Zitate von Beteiligten).*
Wähle eine interessante ***Überschrift,*** *die zum Thema passt. In einer kurzen* ***Einleitung (Lead)*** *fasst du den sogenannten Berichtskern zusammen:* ***Was*** *ist* ***wann*** *und* ***wo*** *passiert,* ***wer*** *war beteiligt? Im* ***Hauptteil*** *gehst du ausführlich auf den Ablauf des Geschehens ein, indem du die weiteren W-Fragen beantwortest (****wie, warum, womit?****). Im* ***Schlussteil*** *kommt zur Sprache,* ***welche Folgen*** *das Ereignis hat. Zur Abrundung kannst du z. B. noch ein Zitat formulieren oder einen Ausblick auf ähnliche Projekte in der Zukunft geben.*
Sprachangemessenheit: *Achte bei der sprachlichen Gestaltung deines Textes auf die richtige Verwendung der Zeitform, treffende Formulierungen, eine zum Thema passende Wortwahl, einen abwechslungsreichen Satzbau und die Vermeidung von Wiederholungen.*
Sprachrichtigkeit: *Denke daran, dass auch Rechtschreibung, Grammatik und Zeichensetzung bewertet werden; sie zählen bis zu vier Punkte (Rechtschreibung und Grammatik: ganze Fehler; Zeichensetzung: halbe Fehler).*

Ist das Müll oder wird das Kunst?

treffende Überschrift

Seit 2018 findet an jedem dritten Samstag im September der „World Cleanup Day“ statt, an dem verschmutzte Grünflächen, Parkanlagen und Uferbereiche von Abfall, Schrott und Unrat befreit werden. Die 10 B2 der Bertha-von-Suttner-Schule hat in diesem Jahr nicht nur an der Aktion teilgenommen, sondern anschließend aus dem gesammelten Müll Kunstwerke gestaltet, die seit letzter Woche auf dem unteren Flur vor dem Mensaeingang zur Besichtigung ausgestellt sind.

Einleitung / Lead mit einer kurzen Zusammenfassung der wichtigsten Informationen

Die Idee, an der Aktion teilzunehmen, hatte Frau Sanchez, unsere Klassen- und Kunstlehrerin. Anfangs gab es Widerspruch aus der Klasse, denn die Mehrzahl der Schüler*innen war nicht gerade begeistert von dem Vorschlag, an einem

Hauptteil
Warum? / Wie? / Womit?

Samstag zum Müllsammeln in die Schule zu kommen. Weil es aber um die Umwelt ging und außerdem ein spannendes Kunstprojekt lockte, ließen wir uns schließlich doch überreden. Bewaffnet mit Zangen, Handschuhen und Müllsäcken schwärmte die ganze Klasse in die scheinbar grüne Umgebung der Schule aus und staunte nicht schlecht über das, was alles in den Hecken, an den Wegrändern und entlang der Uferböschung des Family-Parks unweit der Schule zu finden war: Nicht nur ein halbmeterhohes zerborstenes Spielzeugpferd, sondern auch eine kaputte Mikrowelle, ebenso achtlos in der Natur entsorgt wie ein alter Rasenmäher, ein demolierter Staubsauger, ein Stück Treppengeländer, eine defekte Wanduhr in Form einer E-Gitarre, der Arm einer Schaufensterpuppe, ein verrosteter Einkaufswagen, Matratzenfedern, ein halbes Fahrrad und ein zerschlissener Kinderautositz. Dazu füllten sich im Lauf der rund dreistündigen Aktion unsere mitgebrachten Abfallsäcke mit jeder Menge Papier und Plastikmüll, die wir mithilfe von Greifzangen und Arbeitshandschuhen aus dem Gestrüpp und entlang der Wege aufklaubten. Unterstützung gab es vom Bauhof der Stadt Nidderau, den Frau Sanchez für unsere Aktion um Hilfe gebeten hatte und dessen Mitarbeiter*innen den gesammelten Müll mithilfe eines Kleintransporters zur Schule brachten. Noch am gleichen Tag haben wir unsere „Beute" gesichtet. Schmutz und Scherben, durchweichte Kartons, Elektroschrott, Sperrmüll und mehrere Plastikbeutel mit undefinierbarem Inhalt nahmen die Bauhofmitarbeiter*innen gleich wieder mit zur endgültigen Entsorgung. Brauchbares wie die zahllosen Kunststoffflaschen in verschiedenen Größen und Farben, kaputtes Spielzeug, bunte Folien und Kunststoffreste, Verpackungen, rostige Metallteile, die Uhr und natürlich den Puppenarm sortierten wir in saubere Kartons und Säcke und deponierten sie in der Fahrradgarage, die uns der Hausmeister dafür zur Verfügung gestellt hatte.

Ergebnis der Müllsammelaktion

Abtransport und Sortieren des gesammelten Mülls

In den darauffolgenden Wochen haben wir aus dem Müll verschiedene Objekte gestaltet, die auf die zunehmende Verschmutzung unserer Umwelt aufmerksam machen sollen. Die Gruppe von Joyce, Lara, Lia und Lennart hat z. B. einen gro-

Beispiele für die entstandenen Kunstwerke

ßen Wal aus Drahtgeflecht gebaut und ihn mit Plastikflaschen vollgestopft. Auf einer Tafel daneben findet man einen QR-Code mit einem direkten Link zu einer Reportage über Meerestiere, die an Plastikabfall erstickt sind. Julia, Nathalie, Cheyenne und Oliver haben zahllose Kunststoffteilchen nach Größe und Farben sortiert und zu einem prachtvollen Mosaik zusammengefügt. Erst beim genauen Hinsehen erkennt man, dass es aus Resten von Wäscheklammern, Plastikbesteck, zerbrochenen Spielzeugresten, Knöpfen, Flaschenverschlüssen und anderem Abfall besteht. Aus dem kaputten Einkaufswagen, dem Rest des Spielzeugpferdes und rostigen Fahrradteilen ist ein traurig schauendes Einhorn auf Rädern entstanden, gebaut von Muhammet, Dennis, Lorenzo und Emilia.

Schluss
Welche Folgen?
positives Fazit
Sensibilisierung

Diese und alle anderen Objekte des Kunstprojektes zeigen auf eindrückliche Weise, wie unser Alltag von Wegwerf-Material geprägt ist und was wir unserer Umwelt damit antun. „Die ganze Aktion hat viel Spaß gemacht. Aber beim Einkaufen passe ich jetzt besser auf, wie die Sachen verpackt sind und ob es nicht auch anders geht", so das Fazit von Linus.

b) Erzählung

Hinweis: Aufbau/Inhalt: *Inhaltlich soll deine Geschichte zwei Erzählelemente beinhalten: Das Sammeln verschiedener Gegenstände am Strand sowie die besondere Begegnung bzw. das besondere Erlebnis. Dennoch lassen dir die Vorgaben einen großen Gestaltungsspielraum. Auch ob deine Geschichte lustig oder traurig, spannend oder nachdenklich ist, bleibt dir überlassen. Du kannst deine Geschichte ganz klassisch in Einleitung, Hauptteil und Schluss gliedern oder sie als Kurzgeschichte mit einem offenen Anfang beginnen und auch offen enden lassen. Überlege dir eine passende Überschrift und baue die Handlung schlüssig auf.*

Sprachangemessenheit: *Gestalte deinen Text abwechslungsreich, indem du Wiederholungen bei Satzbau und Wortwahl vermeidest. Anschaulich und interessant wird die Geschichte, wenn du sie mit Sprachbildern ausstattest und treffende Verben und Adjektive sowie wörtliche Rede verwendest. Halte die zu Beginn gewählte Erzählperspektive und auch die Zeitform durchgängig ein. Geeignet für Erzähltexte ist sowohl die Ich-Form als auch die personale Perspektive aus Sicht einer der Figuren deines Textes (Er-/Sie-Perspektive), wie sie für das Lösungsbeispiel*

gewählt wurde. Schreibe deinen Text im Präteritum (Vergangenheit), bei Vorzeitigkeit verwendest du das Plusquamperfekt (Beispiel: „Nachdem er den Eimer mit Zauberwasser gefüllt hatte, machte er sich auf den Rückweg.“).
Sprachrichtigkeit: *Fehler in der Rechtschreibung und Grammatik werden als ganze Fehler, die in der Zeichensetzung als halbe Fehler gewertet. Mit dem Fehlerindex wird berechnet, wie viele von maximal vier Punkten du für die Rechtschreibung bekommst.*

Besuch beim Muschelmonster

Überschrift

„Und lauf nicht so weit weg, sonst holt dich das Muschelmonster!“ Mattis verdrehte die Augen, tippte sich an die Stirn und lief los, den Henkel des roten Eimers fest im Griff seiner kleinen Faust. Muschelmonster! Er war fast neun Jahre alt und ließ sich nichts mehr vom Weihnachtsmann erzählen. Schon gar nicht von seinem großen Bruder Tom, der soeben mal kurz ein Muschelmonster erfunden hatte, nur weil er keine Lust hatte, auf ihn aufzupassen.

Einleitung
Hauptpersonen, Ausgangssituation

Mattis stapfte los, entschlossen, heute am Strand den großen, den einzigartigen Fund zu machen. Jeden Tag dieses Urlaubs war er bereits mit seinem roten Eimer unterwegs gewesen, immer entlang des Spülsaums gelaufen und hatte dort die schönsten Muscheln und Schneckenhäuser gefunden, außerdem glatte weiße Kiesel, rundgeschliffene farbige Glasscherben, wollige Kugeln aus Seegras und ausgeblichene Krebsbeinchen. Sein Bruder reagierte zunehmend genervt auf Mattis’ Sammlung, die täglich wuchs und sich wie ein fantastisch gemusterter Stoffbezug auf jeder freien Fläche in ihrem gemeinsamen Zimmer im Ferienhaus ausbreitete. „Es reicht langsam, du kannst das ganze Zeug sowieso nicht mit nach Hause nehmen, wir haben doch keinen Lkw“, hatte er gestern noch geschimpft. Aber Mattis ließ sich nicht beirren. Jedes einzelne seiner Fundstücke war wertvoll, und heute, am letzten Tag vor der Rückreise, würde er seine Sammlung krönen. Womit, wusste er noch nicht, aber er war sicher, dass es passieren würde. Der Tag war perfekt dafür, die meisten Strandbesucher hatten sich vor der Hitze des frühen Nachmittags unter ihre Sonnenschirme verkrochen und vor Mattis lag die weite weiße Sandfläche, die jetzt ihm allein gehörte.

Hauptteil
Mattis hat einen Plan.

In dunstiger Ferne ahnte man die Felsen mit ihren vielen Buchten und Höhlen. Dorthin war er noch nie gelaufen, aber heute war es endlich so weit. Zunächst ignorierte er tapfer die glänzenden Kiesel auf seinem Weg, die rosa schimmernden Muscheln, die gewundenen Schneckenhäuser mit ihren Bändermustern – der Eimer sollte doch leer bleiben für das, was ihm später ganz sicher begegnen würde. Doch je weiter er ging, desto verlockender erschienen ihm die Schätze des Strandes. Die Schneckenhäuser größer, die Kiesel glänzender, die Glasscherben funkelnder. Schon bald war der rote Eimer wieder voll. Wie von einer unsichtbaren Kraft gezogen, marschierte Mattis weiter, er spürte weder Durst noch Hitze.

Mattis macht sich auf den Weg.

Schon bald nahmen die Felsen schärfere Konturen an, der Sand unter seinen Füßen wurde gröber, algenbewachsene Steine machten das Vorwärtskommen schwieriger. Schließlich stand Mattis vor einem schmalen Spalt zwischen zwei hohen Felsen, der Weg hinein verlor sich in der Dunkelheit. Mattis zögerte. Sollte er umkehren? Kurz dachte er an das Muschelmonster und wo es wohl wohnen mochte. Er schluckte, seine Kehle war wie ausgetrocknet. Dann nahm er allen Mut zusammen und trat in den Schatten der hohen Felsen. Augenblicklich wurde es kühl. Fröstelnd und mit klopfendem Herzen folgte Mattis im Dämmerlicht dem schmaler werdenden Pfad, immer tiefer hinein in die Felsspalte. Schon glaubte er, dass es nicht weiterging und er umkehren müsse, da schienen die Felsen plötzlich zurückzuweichen. Auch die Luft wurde wieder wärmer. Noch ein Schritt weiter, und Mattis war in einer anderen Welt. Er befand sich in einer weiten Höhle mit schimmernden Wänden. Durch einen schmalen Spalt in der Decke fiel ein Streifen gleißenden Sonnenlichts und vergoldete das Wasser in dem Becken zu seinen Füßen. Mattis hörte ein leises Plätschern. Es kam von der hinteren Wand der Höhle. Als sich seine Augen an das Dämmerlicht gewöhnt hatten, erkannte er einen kleinen Wasserfall, der sich in das Becken ergoss: Er hatte eine Quelle entdeckt! Kurzentschlossen leerte er den Eimer aus, kniete sich an den Rand des Beckens und schöpfte von dem golde-

Der Weg wird schwieriger.

Mattis braucht Mut.

Mattis macht eine Entdeckung.

nen Wasser. Noch nie hatte er etwas so Köstliches getrunken! Er füllte den Eimer erneut und machte sich auf den Rückweg, wobei er darauf achtete, möglichst wenig zu verschütten. Immer wieder trank er von dem goldenen Zauberwasser, und als er bei seinem Bruder ankam, war der Eimer leer. „Na Kurzer, wars schön? Hast du wieder den Strand leergesammelt? Zeig mal her!“ Verdutzt schaute Tom in den Eimer. „Dafür warst du ganz schön lange weg. Hat das Muschelmonster dein Strandgut gefressen?“, feixte er.

„So ähnlich, aber dafür hat es mir einen Schatz geschenkt“, antwortete Mattis geheimnisvoll, stellte seinen Eimer ab und ging schwimmen.

Schluss

Mattis behält sein Geheimnis für sich.

Abschlussprüfung Deutsch an Realschulen in Hessen 2021
Sprachliche Richtigkeit

II.B: Sprachliche Richtigkeit

1. ***Hinweis:** Für jeden richtig korrigierten Fehler gibt es einen halben Punkt. Markierst und verbesserst du mehr als zwölf Fehler im Text, gehen nur die ersten zwölf in die Wertung ein. Für fehlerhafte Korrekturen gibt es keinen Punkt.*

Applaus scheint ein ~~Uhrbedürfnis~~ **Urbedürfnis**[1] des Menschen zu sein. Moderne Europäer sorgen auf Rock- und Popkonzerten damit für Stimmung und ~~erwaisen~~ **erweisen**[2] Sportlern im Wettkampf und Schauspielern auf der Bühne so Respekt. Im antiken Griechenland war Beifall ein ~~Geeignetes~~ **geeignetes**[3] Mittel, die Dramenwettbewerbe zu ~~beeinflußen~~ **beeinflussen**[4], ähnlich einem Applausmessgerät bei einer TV-Show oder einem Poetry Slam. Applaus ist immer auch Ausdruck gesellschaftlicher ~~Konvenzionen~~ **Konventionen**[5], zum Beispiel der Standardapplaus. In Deutschland kann jeder Künstler vor einem Publikum damit rechnen. Anders in Italien: Nach einem Konzert des Pianisten Alfred Brendel habe dort einmal niemand geklatscht**, (fehlendes Komma)**[6] erinnert sich eine Musikwissenschaftlerin. Selbst bei Nichtgefallen sei so etwas hierzulande undenkbar. Dass Klatschen gelernt sein will, veranschaulicht die Reihe von Gesten**, (fehlendes Komma)**[7] mit denen Römer ihrem Gefallen einst Ausdruck verliehen. Man konnte den Zipfel der Toga ~~schwencken~~ **schwenken**[8] mit einem ~~spetziellen~~ **speziellen**[9] Taschentuch wehen, nicken oder mit den Fingern schnipsen. Wer in die Hände klatschte, **(fehlendes Komma)**[10] zeigte sich hellauf begeistert. Auf die Spitze soll es Kaiser Nero getrieben haben, der ~~durchchnittliches~~ **durchschnittliches**[11] Talent besaß, sich aber für einen großen Künstler hielt. Er stellte ein Heer von Männern zusammen und ließ sie in der Kunst des Beifalls ~~unterichten~~ **unterrichten**[12], um sich mit ihrer Hilfe zum Publikumsliebling von musischen Wettbewerben erklären zu lassen.

Nach: Ludwig Hruza: Und jetzt alle!, FAZ vom 01.01.2020,
https://www.faz.net/aktuell/stil/trends-nischen/klatschen-und-jetzt-alle-16556146.html

Hinweis: 1) Ur**bedürfnis – Die Vorsilbe „Ur“ steht für etwas sehr Altes, lange Vergangenes oder auch **Ur**sprüngliches (vgl. „uralt“). Nur im Zusammenhang mit Zeitmessung wird die Schreibweise „Uhr“ verwendet. **2)** erw**ei**sen – im Sinne von „sich herausstellen“ – wird ebenso wie nachweisen, unterweisen, anweisen und beweisen mit „ei“ geschrieben. Im Deutschen gibt es fast keine Verben, die* *mit „ai" geschrieben werden (Ausnahmen sind Lehn- oder Fremdwörter wie trainieren oder emaillieren).* ***3) *geeignet – Adjektivattribut zu „Mittel".* ***4)*** *beeinflussen – Doppelkonsonant nach kurzem Vokal „u".* ***5)*** *Konventionen – Fremdwort aus dem Lateinischen (conventio), Bezeichnung für gesellschaftliche Bräuche, Regeln und Gewohnheiten.* ***6)*** *Komma bei indirekter Rede: Die indirekt, d. h. nicht in wörtlicher Rede wiedergegebene Aussage wird mit Komma vom Hauptsatz abgetrennt. Du erkennst die indirekte Rede an der Verwendung des Konjunktivs („habe").* ***7)*** *Komma zwischen Haupt- und Relativnebensatz, erkennbar am Relativpronomen „denen", das durch „welchen" ersetzt werden könnte.* ***8)*** *schwenken – einfaches „k" nach einem Konsonanten; das „ck" wird nur nach kurzem Vokal verwendet („meckern", „Lack").* ***9)*** *speziell – Fremdwort für „besonders"; die Schreibung mit „tz" kommt in Fremdwörtern nicht vor.* ***10)*** *Komma zwischen vorangestelltem Relativnebensatz (Relativpronomen „wer", gleichbedeutend mit „derjenige, welcher …") und Hauptsatz.* ***11)*** *durchschnittlich – aus der Wortfamilie „schneiden", deshalb mit „sch".* ***12)*** *unterrichten – zusammengesetztes Verb aus der Vorsilbe „unter" und „richten", deshalb zweimal der Buchstabe „r".*

2. ***Hinweis:*** *Markiere nur vier Wörter, sonst wird deine Lösung nicht gewertet.*

   b) Wir haben uns bereit erklärt, ihn [Morgen] Abend beim Vorbereiten zu unterstützen.

   Hinweis: *In diesem Satz wird die Zeitangabe als Adverb gebraucht und muss deshalb kleingeschrieben werden. Es fehlen Nomensignale wie bei „**Der** Morgen ist sonnig."/„An **einem** sonnigen Morgen …".*

   c) Für das leibliche Wohl ist gesorgt, die eine Hälfte bringt Essen, die andere zu [Trinken] mit.

   Hinweis: *Das vorangestellte „zu" kennzeichnet das Verb „trinken" als Form im Infinitiv, deshalb ist die Großschreibung falsch.*

   e) Sevda bringt drei [dutzend] rote Laternen mit, denn Rot ist ihre Lieblingsfarbe.

   Hinweis: *Das Wort „Dutzend" ist ein feststehender Begriff für die Zahl Zwölf. Nur wenn man eine unbestimmte Menge damit bezeichnen will, kann man es auch kleinschreiben, z. B.: „Er hat schon dutzende Male versucht, sie zu erreichen."*

k) Denn es gibt eine Million Gründe, ihm etwas gutes zu tun!

*Hinweis: Die Mengenangabe „etwas" führt genauso wie „viel", „alles", „wenig" oder „nichts" zur Nominalisierung des dazugehörigen Adjektivs. (Vgl. z. B.: Ich wünsche dir **alles Gute** zum Geburtstag". In der Zeitung steht wieder mal **nichts Neues**.)*

3. ***Hinweis:*** *Einen Punkt gibt es nur, wenn jeweils die Schreibweise* ***und*** *die Bezeichnung der Wortart richtig sind. Halbe Punkte werden nicht vergeben.*

In der Antike war **das (A)**[1] Blau, **das (R)**[2] wir heute als selbstverständlich hinnehmen, eine seltene und teure Farbe. Es ist verblüffend, **dass (K)**[3] selbst im frühen Mittelalter Dichter den Himmel noch als weiß, rot oder golden, aber nie als blau bezeichneten, weil es noch kein einheitliches Wort dafür gab. **Das (D)**[4] änderte sich allmählich ab etwa dem 12. Jahrhundert, als z. B. die Kirche und Könige diese wertvolle Farbe für sich entdeckten. Blau gibt es heute in allen Schattierungen, und **das (A)**[5] meistverkaufte Kleidungsstück ist die „Blue Jeans".

Nach: Nicole Röndigs: FARBENLEHRE - Wieso die Farbe Blau erst spät entdeckt wurde, GEOlino, https://www.geo.de/geolino/forschung-und-technik/15962-rtkl-farbenlehre-wieso-die-farbe-blau-erst-spaet-entdeckt-wurde

Hinweis: ***1)*** *Bestimmter Artikel zum Nomen „Blau".* ***2)*** *Relativpronomen, bezieht sich auf das vorangestellte Nomen „Blau" und kann mit „welches" ersetzt werden.* ***3)*** *Die Konjunktion „dass" leitet den Nebensatz ein, der dem einleitenden Hauptsatz Aussagekraft verleiht (sog. Aussagesatz).* ***4)*** *Das Demonstrativpronomen bezieht sich auf den im vorangegangenen Satz beschriebenen Zustand und nicht auf ein spezielles Nomen; ersetzbar mit „dies".* ***5)*** *Bestimmter Artikel zu dem Nomen „Kleidungsstück".*

4. ***Hinweis:*** *Für jeden richtig umgeformten Haupt- oder Nebensatz wird ein Punkt vergeben. Achte bei der Umwandlung darauf, die vorgegebene Zeitform beizubehalten. Bei fehlenden Satzgliedern oder falschem Tempus gibt es für den jeweiligen Satz keinen Punkt. Für Fehler in der Rechtschreibung und Zeichensetzung wird pro Satz ein halber Punkt abgezogen.*

Aktiv	Passiv
Mit Hocksprüngen trainiert man viele Muskeln.	**Mit Hocksprüngen werden viele Muskeln trainiert.**
Aus der gehockten Position springt man schnell vom Boden ab.	Aus der gehockten Position wird schnell vom Boden abgesprungen.
Während des Sprungs zieht man die Knie zur Brust.	**Während des Sprungs werden die Knie zur Brust gezogen.**
Nachdem man einen Sprung absolviert hat, leitet man sofort den nächsten ein.	Nachdem ein Sprung absolviert worden ist, wird sofort der nächste eingeleitet.

Hinweis: *Wie bei Kochrezepten findet sich in Übungsanleitungen in der Aktivform kein Subjekt in Gestalt eines Nomens oder Personalpronomens, stattdessen wird das allgemeine „man" verwendet. Bei der Umformung zum Passiv wird aus dem Akkusativobjekt des Aktivsatzes das Subjekt (Satz 1: „viele Muskeln"). Das „man" aus dem Aktivsatz verschwindet, sodass es keine handelnde Person mehr gibt. Das Verb benötigt dafür, je nach Zeitform, beim Passiv eine konjugierte Form des Hilfsverbs „werden" („werden trainiert"). Umgekehrt muss man bei der Umwandlung von der Passiv- in die Aktivform ein Subjekt („man") ergänzen, da das Subjekt des Passivsatzes zum Akkusativobjekt im Aktivsatz wird (Satz 4: „einen Sprung"; „den nächsten [Sprung]"). Satz 2 enthält statt des Akkusativobjekts zwei Präpositionalergänzungen („Aus der gehockten Position", „vom Boden"), die bei der Umformung in den Aktivsatz unverändert übernommen werden. Aber auch hier muss, wie bei Satz 4, das Subjekt „man" ergänzt werden.*

Abschlussprüfung Deutsch an Realschulen in Hessen 2022
Text 1

Teil I: Lesen

***Hinweis:** In den Aufgaben 1 bis 3 ist jeweils nur eine Lösung richtig. Hast du mehrere Kästchen pro Teilaufgabe angekreuzt, gibt es für diese Teilaufgabe keinen Punkt.*

1. a) ☒ Herbst.
   ***Hinweis:** vgl. Z. 12*

   b) ☒ hat eine Schwester und einen Bruder.
   ***Hinweis:** vgl. Z. 35 f.*

   c) ☒ die Terrasse zu hart
   ***Hinweis:** vgl. Z. 47 f.*

   d) ☒ im ersten Schuljahr
   ***Hinweis:** vgl. Z. 69 f.*

   e) ☒ einen armdicken Ast.
   ***Hinweis:** vgl. Z. 93 f.*

   f) ☒ fast 40 Jahre
   ***Hinweis:** vgl. Z. 108 f.*

2. a) ☒ als Junge knapp über einen Meter groß war.

   ***Hinweis:** Durch das Verb „messen" im Zusammenhang mit der Längenangabe und dem Hinweis auf Schuhgröße und Körpergewicht wird deutlich, dass es sich um die damalige Körpergröße des Ich-Erzählers handelt.*

   b) ☒ beinahe.

   ***Hinweis:** Die Redensart bedeutet, dass dem Erzähler bildlich nur „eine Haaresbreite" zum wirklichen Fliegen gefehlt hat.*

   c) ☒ langsam.

   ***Hinweis:** Das altmodische Wort „gemächlich" bedeutet so viel wie „in aller Ruhe, bedächtig, allmählich".*

d) ☒ suchend.

Hinweis: Der Erzähler beschreibt eine Situation, in der er nichts sehen kann und wie ein Blinder mit seinen Füßen einen sicheren Halt ertasten bzw. nach ihm suchen muss.

3. a) ☒ Nur B und D sind richtig.

*Hinweis: Aussage **A** stimmt nicht, denn mitten in der Geschichte schweift der Erzähler mehrmals ab und erzählt von seinen Schwierigkeiten beim Klettern oder erklärt die Fallgesetze. Aussage **B** trifft zu, da der einzige Handlungsträger der Erzähler selbst ist. Aussage **C** ist falsch, denn die Geschichte wird in der Ich-Perspektive erzählt. Aussage **D:** Ähnlich wie ein Märchen beginnt die Geschichte mit „Zu der Zeit, als …", sie hat also keinen offenen Anfang wie z. B. eine Kurzgeschichte.*

b) ☒ Nur A und D stehen im Text.

*Hinweis: **Aussage A** stimmt, vgl. Z. 19 f. Aus den Zeilen 52 bis 94 ergibt sich, dass der Erzähler als Kind gern auf Bäume geklettert ist, deshalb ist **Aussage B** falsch. **Aussage C** widerspricht der Aussage, die in Zeile 76 bis 81 steht: Sein Sturz war „kürzer als die Zeit, die man braucht, um die Zahl ‚Einundzwanzig' […] auszusprechen". Hingegen stimmt die **Aussage D**, wie sich den Zeilen 113 bis 116 entnehmen lässt.*

4. *Hinweis: Für die zutreffende Erklärung des Stilmittels gibt es einen Punkt. Kannst du zudem noch seine Wirkung im Textzusammenhang verdeutlichen, gibt es zwei weitere Punkte.*

Mögliche Lösung:
Erklärung des Stilmittels: Wenn ein Satz durch einen Einschub unterbrochen wird, bezeichnet man dies als Parenthese. Neben der vom Erzählfluss abweichenden inhaltlichen Aussage sind Parenthesen daran zu erkennen, dass sie von Gedankenstrichen, Klammern oder auch Kommas umschlossen und so vom restlichen Satz abgetrennt sind.

Wirkung des Stilmittels im Text:
Der Erzähler unterbricht sich an dieser Stelle selbst. Damit möchte er seine zuvor formulierte Behauptung, er habe tatsächlich fliegen können, verstärken. Es hat auch den Anschein, als wollte er einen möglichen Widerspruch verhindern.

5. *Hinweis: Auch hier gibt es für die allgemeine Erklärung des sprachlichen Mittels einen Punkt. Zwei weitere Punkte ist die Erklärung seiner Bedeutung im Textzusammenhang wert.*

Mögliche Lösung:
Erklärung des Stilmittels: Mit Personifikationen werden Tiere, Pflanzen, Gegenstände oder abstrakte Begriffe „vermenschlicht". Es werden ihnen also Eigenschaften oder Fähigkeiten zugeschrieben, die sie nicht haben können. Durch Personifikationen erhalten Texte Lebendigkeit und Anschaulichkeit.

Wirkung des Stilmittels im Text:
Der Wind hat keine Arme, um jemanden oder etwas emporzuheben. Der Erzähler möchte deutlich machen, dass der Wind an diesem Tag so stark war, dass er sich von ihm getragen fühlte.

6. a) *Hinweis: Bei dieser Aufgabe genügt es, passende Zitate aus dem Text abzuschreiben. Fehlen Zeilenangaben oder Anführungsstriche, wird jeweils ein halber Punkt abgezogen, auch wenn die korrekte Textstelle zitiert worden ist.*

Mögliche Lösungen:
- Z. 5 f.: „[…] ich konnte wirklich fliegen damals – oder wenigstens fast […]."
- Z. 7–10: „Es hätte seinerzeit tatsächlich in meiner Macht gelegen zu fliegen, wenn ich es nur wirklich ganz fest gewollt und richtig versucht hätte […]."
- Z. 11: „[…] dass ich einmal um ein Haar geflogen wäre […]."
- Z. 27: „[…] jedenfalls flog ich beinahe […]."
- Z. 43 f.: „Aber ich habe den Mantel nicht aufgeknöpft und bin nicht wirklich hoch hinaufgeflogen."

b) *Hinweis: Beim* ***Herausarbeiten*** *sollen Zusammenhänge aus dem Text herausgelöst und mit eigenen Worten sowie auf das Wesentliche beschränkt wiedergegeben werden. Die Aufgabe heißt: Welche* ***weiteren*** *Übertreibungen des Erzählers sind im Text enthalten? Die in der Aufgabenstellung genannte Übertreibung (vgl. Z. 5 f.) darf in der Lösung also nicht verwendet werden. Für das schlüssige Herausarbeiten zweier Übertreibungen mit den richtigen Textverweisen gibt es jeweils zwei Punkte, ohne Textbezug nur einen. Es genügt nicht, nur eine Textstelle zu nennen oder zu zitieren.*

Mögliche Lösungen (zwei erforderlich):

- In Zeile 4 f. behauptet der Erzähler, er sei als Kind so leicht gewesen, dass er hätte fliegen können. Das ist eine Übertreibung, denn kein Kind hat ein so geringes Gewicht, dass es fliegen kann bzw. dass es vom Wind über längere Zeit in die Höhe gehoben wird. Bei sehr starkem Sturm wird es möglicherweise umgeweht bzw. in Bodennähe durch die Luft geschleudert, aber nicht nach oben getragen.
- Die Aussage in den Zeilen 7 bis 10 ist übertrieben. Auch mit einem starken Willen und weiteren Flugversuchen wäre dem Erzähler das Fliegen nicht möglich gewesen.
- Der Vergleich mit dem Skispringer (vgl. Z. 15 f.) ist übertrieben. Die Sportler*innen liegen im freien Flug fast waagrecht in der Luft, was auch bei starkem Sturm für einen stehenden Menschen nicht möglich ist, ohne dass er umfällt.
- Seine Beschreibung von drei Meter hohen und zwölf Meter weiten Sprüngen dank des starken Windes (vgl. Z. 22–25) ist eine Übertreibung, die der Erzähler auch kurz darauf selbst relativiert.
- Z. 93 f.: Wenn der Ast, den der Erzähler bei seinem Kletterunfall als Kind mit dem Hinterkopf durchschlug, tatsächlich so dick wie ein Arm gewesen wäre, hätte er eine größere Verletzung als nur eine Beule davontragen müssen. Deshalb ist dieser Vergleich übertrieben.
- Eine Übertreibung ist auch die Aussage, als Spätfolge des Aufpralls würde ihm der Hinterkopf als „zuverlässiges Barometer“ (Z. 109 f.) dienen. Zwar gibt es wetterfühlige Menschen, aber eine so exakte Voraussage wie im Text beschrieben erscheint eher unwahrscheinlich.

7. ***Hinweis:** Das **Erläutern** zielt auf ein etwas tieferes Textverständnis. In diesem Fall soll der Zusammenhang zwischen Form und Inhalt der Erzählung erkannt und formuliert werden. Dir ist sicher die sprunghafte Erzählweise bereits aufgefallen: Der Ich-Erzähler beschreibt am Ende, dass er Schwierigkeiten hat, sich zu konzentrieren. Deine Aufgabe ist es, an zwei konkreten Beispielen aus dem Text darzustellen, inwiefern sich diese Verwirrtheit in der Erzählweise widerspiegelt. Für jede schlüssige Erläuterung mit Bezug auf eine Textstelle (Zeilenangabe oder Umschreibung oder Zitat) gibt es zwei, ohne den Textverweis nur einen Punkt. Das alleinige Nennen oder Zitieren einer Textstelle wird mit null Punkten bewertet.*

Mögliche Lösungen (zwei erforderlich):

- Besonders im ersten Teil der Geschichte unterbricht der Ich-Erzähler sich selbst mehrfach durch Einschübe (vgl. Z. 5 f., Z. 19 f., Z. 25 f.). Diese Erzählweise spiegelt die fehlende Konzentration des Erzählers auf die eigentliche Handlung.
- Der Erzähler beendet begonnene Hauptsätze nicht (vgl. Z. 1) und reiht immer neue Haupt- und Nebensätze aneinander, sodass sehr lange Schachtelsätze entstehen (vgl. Z. 7–42, Z. 81–94). Auch lässt er seine Gedankenketten teilweise einfach auslaufen (vgl. Z. 10, Z. 17, Z. 87). Das vermittelt den Eindruck, als ob ihm beim Erzählen immer neue Einfälle und Erinnerungen kommen. Die Geschichte wirkt damit ungeordnet; es fällt schwer, dem Textverlauf zu folgen.
- Im weiteren Verlauf der Geschichte wechselt der Erzähler mehrfach unvermittelt das Thema: Der erste Satz lässt vermuten, dass sie vom Bäumeklettern handelt (vgl. Z. 1), jedoch folgt zunächst eine ausführliche Darstellung der kindlichen Flugversuche des Protagonisten (vgl. Z. 5–51). Anschließend greift er das Thema „Bäumeklettern" aus dem ersten Satz wieder auf (vgl. Z. 52 ff.) und schweift bei der Beschreibung eines Sturzes, über den er eigentlich berichten will, ab zu einer wissenschaftlichen Erklärung der Galileischen Fallgesetze (vgl. Z. 71–81). Diese wiederum bringen ihn auf Gedanken über die allgemeine Rolle der Schwerkraft (vgl. Z. 94–101), bevor er zurück zu dem Sturz kommt und dessen Folgen beschreibt (vgl. Z. 101–123). Mit diesem sprunghaften Themenwechsel bestätigt er seine eigene Aussage am Ende der Geschichte: „[…] dann muss ich höllisch aufpassen, dass ich den Faden nicht verliere […]" (Z. 120 f.).
- Mit Füllwörtern und überflüssigen Wiederholungen, die keinen Informationsgehalt haben, verzögert der Erzähler seine Geschichte. Es scheint so, als müsste er beim Erzählen die Gedanken immer wieder neu ordnen und überlegen, was er eigentlich sagen wollte, z. B.: „lang, lang ist's her, […] Jahre und Jahrzehnte" (Z. 1 f.), „wirklich" (Z. 6, 9, 44), „oder wenigstens fast, oder sagen wir besser" (Z. 6 f.), „ganz fest", „richtig" (Z. 9), „denn … denn" (Z. 10).

8. ✎ ***Hinweis:** Beim **Erklären** sollen Zusammenhänge (oft Ursachen, Gründe) mithilfe zusätzlicher Informationen verständlich gemacht werden. Eigenes Wissen oder Vorkenntnisse können dabei natürlich in die Erklärung einfließen. Hier soll die persönliche Wahrnehmung des Erzählers bezüglich der Schwerkraft mithilfe der Definition des „Gängelbandes" verdeutlicht werden. Drei Punkte gibt es für eine zutreffende Erklärung im Textzusammenhang, Teilpunkte werden bei dieser Aufgabe nicht vergeben.*

Mögliche Lösung:
Der Erzähler nimmt die Schwerkraft als eine Art Fessel wahr, die ihn gegen seinen Willen kontrolliert und festhält. Die Schwerkraft ist dafür verantwortlich, dass er seinen Traum vom selbstständigen Fliegen nicht verwirklichen kann. So wie ein Kleinkind vom „Gängelband“ daran gehindert wird, selbst seinen Weg zu bestimmen oder sich der Kontrolle der Eltern zu entziehen, hält ihn die Schwerkraft am Boden fest. Nur unter Wasser bekommt man eine Ahnung davon, wie es sein könnte, von der Schwerkraft befreit zu „schweben“.

9. a) ***Hinweis:** Bei dieser Aufgabe kannst du dich sowohl auf den Text beziehen als auch auf eigene Erfahrungen zurückgreifen. Für eine nachvollziehbare Erklärung des Zitats erhältst du drei Punkte, Teilpunkte gibt es auch bei dieser Aufgabe nicht.*

Mögliche Lösung:
Mit unserer Vorstellungskraft können wir der Realität entfliehen und uns eine eigene Welt aus Träumen und Wünschen erschaffen. In dieser erdachten Welt ist es z. B. möglich zu fliegen, zu zaubern oder eine beliebige andere Gestalt anzunehmen. Auch wenn sich solche Erlebnisse sehr real anfühlen können, existieren sie nur in unserer Fantasie.

b) ***Hinweis:** Mit „**begründen**“ ist gemeint, dass eine Aussage mit nachvollziehbaren Argumenten gestützt werden soll. Hier musst du anhand von Beispielen aus dem Text begründen, warum bestimmte Inhalte der Erzählung zu der Aussage in Aufgabe 9 a passen. Du kannst also auf deine Erklärung aus Aufgabe 9 a zurückgreifen und sie auf den Teil der Erzählung beziehen, in dem es um die Vorstellung des Protagonisten geht, wirklich fliegen zu können.*

Mögliche Lösung:
Die Leserschaft ist sich durch viele kleine Andeutungen des Ich-Erzählers darüber im Klaren, dass er nicht wirklich fliegen kann. Die Schilderungen seiner Vorstellungen vom Fliegen, seiner Gefühle und Wahrnehmungen, z. B. beim Flug über sein Elternhaus, sind durch die verwendeten sprachlichen Mittel jedoch so plastisch und anschaulich, dass sie real wirken. Auf diese Weise können die Leserinnen und Leser teilhaben an seinen Flugerlebnissen, die, wie alle wissen, nur in der Fantasie existieren.

Teil II: Schreiben

Teil II.A: Textproduktion (Wahlaufgabe)

a) Erzählung

Hinweis: *Bezüglich des* ***Inhaltes*** *und der formalen Gestaltung (z. B. Erzählperspektive) erlaubt diese Textproduktion viele Spielräume. Beim* ***Aufbau*** *sind bestimmte Vorgaben zu berücksichtigen, die neben dem Inhalt Grundlage der Bewertung sind: Dazu gehören zunächst eine treffende* ***Überschrift*** *und eine kurze* ***Einleitung*** *mit Informationen über Zeit, Ort und Personen der Handlung sowie über das Thema: ein Kindheitstraum und die Idee, diesen zu verwirklichen. Im* ***Hauptteil*** *erzählst du von den Hindernissen, die sich bei der Umsetzung des Traums ergeben, und leitest mit einer gradlinigen Handlungsführung zum Höhepunkt deiner Geschichte: Am* ***Schluss*** *sollte entsprechend der Aufgabenstellung die Verwirklichung des Kindheitstraums stehen.*
Sprachangemessenheit: *Vermeide Wiederholungen bei Satzbau und Wortwahl, sonst liest sich dein Text schnell langweilig. Verwende anschauliche Sprachbilder, z. B. Vergleiche und Metaphern, außerdem abwechslungsreiche Verben und Adjektive sowie wörtliche Rede. Achte auch darauf, die zu Beginn gewählte Erzählperspektive (Er-/Sie- oder Ich-Perspektive) und Zeitform durchgängig einzuhalten.*
Sprachrichtigkeit: *Fehler in der Rechtschreibung und Grammatik werden als ganze Fehler, die in der Zeichensetzung als halbe Fehler gewertet. Mit dem Fehlerindex wird berechnet, wie viele von maximal vier Punkten du für die Rechtschreibung bekommst.*

Leons Traum vom Fliegen — Überschrift

Seit er denken konnte, wünschte sich Leon, fliegen zu können. Als kleiner Junge lag er oft stundenlang im hohen Gras und schaute in den Himmel, wo die Vögel im endlosen Blau ihre stillen Kreise zogen. Das Märchen von Nils Holgersson, der mit den Wildgänsen auf die Reise geht, kannte er auswendig, so oft mussten seine Eltern es ihm vor dem Schlafengehen vorlesen. Später, als er selbst lesen konnte, verschlang er alle Sachbücher und Romane, in denen es um den alten Menschheitstraum vom Fliegen ging. An seinem zwölften Geburtstag beschloss er, seine Idee Wirklichkeit werden zu lassen – koste es, was es wolle.

Einleitung
Hauptperson

Ausgangssituation: Leon nimmt sich vor, seinen Traum zu verwirklichen.

Schnell war ihm klar, dass es nicht einfach werden würde. Längst hatte er herausgefunden, was eine Segelflugausbildung kostete. Und für seine Eltern war das alles sowieso nur Fantasterei. „Warte, bis du 18 bist, zu gefährlich, zu teuer …" – ihre Kommentare waren immer dieselben. Es erschien ihm unmöglich, noch so lange zu warten. Was konnte er tun?

Hauptteil

Erste Hindernisse: Alter, Kosten

Er nahm sich vor, zunächst das Geldproblem zu lösen. Von nun an knauserte er mit seinem Taschengeld, steckte die Geburtstagsspenden von Oma und Opa in die Spardose und bot in der Nachbarschaft seine Hilfe bei Gartenarbeiten gegen einen kleinen Geldbetrag an. Und er hatte Erfolg! Seine Eltern gaben ihm die nötige Unterschrift, damit er ein eigenes Konto eröffnen konnte, das langsam, aber stetig anschwoll.

Als Leon 13 Jahre alt wurde, hatte er immerhin schon das Geld für die Aufnahmegebühr in der Segelflugschule zusammengespart – theoretisch, denn seine Eltern würden ihm nie die Erlaubnis geben. Dennoch gab er nicht auf. Nach seinem 14. Geburtstag begann er, zweimal in der Woche im Getränkemarkt zu jobben. Monat für Monat kam er seinem Traum ein Stück näher – zumindest finanziell. Seine Beharrlichkeit und sein Ehrgeiz schienen sogar den elterlichen Widerstand aufzuweichen. Wenigstens schalteten sie nicht mehr auf Durchzug, wenn Leon vom Fliegen schwärmte.

Eltern sind dagegen

Leon lässt nicht locker.

Der Widerstand der Eltern bröckelt.

Doch dann passierte etwas, was Leons hochfliegende Träume jäh zum Absturz brachte. Bei der Arbeit im Getränkemarkt übersah ein Lieferant beim Rangieren mit dem Lkw den Jungen, der gerade Wasserkästen stapelte, und Leon geriet unter die Räder des Anhängers. Als er im Krankenhaus aufwachte, steckte sein Körper vom Becken abwärts in einem Gips.

Leon hat einen schweren Unfall.

Ein komplizierter Trümmerbruch beider Hüftknochen und des rechten Oberschenkels verursachten nicht nur höllische Schmerzen, sondern ließen auch seine Träume davonfliegen wie einen Schwarm aufgescheuchter Spatzen. Leon war verzweifelt. Sollte alles umsonst gewesen sein? Würde er sich je wieder normal bewegen können? War es das mit der Fliegerei – es hatte doch noch gar nicht angefangen! „Sei froh, dass du noch lebst!", sagte sein Vater, als Leon bei einem seiner Besuche im Krankenhaus das Gespräch darauf brachte. Die Ärz-

Der Traum vom Fliegen scheint zerstört.

tin zeigte Röntgenbilder und machte ein sorgenvolles Gesicht. „Wenn der Gips ab ist, werden wir operieren müssen", sagte sie. „Du wirst wieder laufen können, aber es wird lange dauern." Leon kämpfte gegen die Hoffnungslosigkeit. Die Schule schickte Aufgaben, aber die Schmerzen, die Tabletten und die trüben Gedanken hinderten ihn daran, sich zu konzentrieren.

Leon lässt seine Fantasie fliegen.

In einer seiner schlaflosen Nächte dachte er an Nils Holgersson und schickte seine Gedanken mit ihm auf die Reise, wie er es früher als kleiner Junge getan hatte. Am nächsten Morgen stellte er das Krankenhausbett in eine bequeme Position, packte seinen Laptop auf die eingegipste Hüfte und begann zu schreiben. Er schrieb sich hinaus aus dem grauen Klinikalltag, hinaus aus dem engen Gipskorsett, schrieb und schrieb. Er erfand einen kleinen Jungen, der mit seinem Zaubermantel fliegen konnte, sobald genug Wind wehte, und ließ ihn die tollsten Abenteuer erleben. Das Schreiben half ihm, seine Zukunftsängste zur Seite zu schieben.

Die Krankenschwester macht Leon einen Vorschlag.

„Was schreibst du da eigentlich?", fragte die Krankenschwester, als er wieder einmal wie besessen auf seine Tastatur einhackte. „Ach nichts", antwortete Leon und klappte den Bildschirm zu. Aber die Schwester ließ nicht locker, und weil sie nett war und ihm in den letzten Wochen immer wieder Mut zugesprochen hatte, schob er ihr den Laptop hin und ließ sie seinen Text lesen. Die Schwester machte große Augen. „Hast du noch mehr davon?" Leon nickte. „Und alles gespeichert?" Leon nickte erneut. „Warte mal." Die Schwester sah sich suchend im Zimmer um, fischte dann eine leere Tablettenschachtel aus dem Papierkorb und kritzelte eine Mailadresse auf die Rückseite. „Das ist ein alter Freund von mir. Er arbeitet in einem Kinderbuch-Verlag. Schick deine Texte doch mal hin, die können bestimmt was damit anfangen." „Ich weiß nicht …", sagte Leon zweifelnd. Aber dann ließ er sich doch überreden, schickte die Datei an die angegebene Adresse und fügte ein paar Zeilen über sich und seine Situation hinzu.

Leon bekommt unerwarteten Besuch.

Ein paar Tage später klopfte es und die Krankenschwester erschien strahlend in Begleitung eines älteren Herrn. Er war groß und dünn, hatte weiße Haare und trug eine Brille mit einem feinen Goldrand. „Ich bin Patrick Salzmann vom Verlag Silbermöwe“, stellte er sich vor, „ich würde gerne mit dir über dein Buch reden, wenn es dir recht ist.“ Leon musste schlucken. „Mein Buch?“, stammelte er. „Wir verlegen Kinder- und Jugendbücher. Deine Geschichten haben uns gefallen. Du schreibst lustig und sehr lebendig. Sie müssen noch ein wenig redaktionell bearbeitet werden, aber sie sind gut geeignet zum Vorlesen und für Grundschulkinder, also das erste Lesealter. Eine unserer Illustratorinnen hat sich deine Texte auch schon angeschaut und wird passende Zeichnungen dazu entwerfen.“ Leon fand immer noch keine Worte. „Zeichnungen?“, krächzte er. „Ja, wir machen ein Bilderbuch mit deinen Texten. Es wird sicher sehr schön. Ich lasse dir mal die Vertragsunterlagen hier. Lies sie gründlich durch und besprich sie mit deinen Eltern. Wenn du einverstanden bist und deine Eltern zustimmen, machen wir einen Autorenvertrag. Denk drüber nach und ruf mich an, wenn du so weit bist.“ Herr Salzmann verabschiedete sich und ließ Leon mit einer Mappe voller Papiere zurück. Nur langsam realisierte Leon, was eben passiert war. Behutsam blätterte er durch den Vertrag, las Worte wie „Vorschuss“, „Honorar“ und „Trickfilmrechte“ und sah am Ende eine Summe, die ihn schwindlig machte. Dafür hätte er jahrelang Getränkekisten stapeln müssen – aber das ging ja sowieso nicht mehr. Versonnen sah er auf den Briefkopf mit dem Logo des Verlags. Silbermöwe – das klang wie ein kostbares Versprechen.

Aus Leons Geschichten soll ein Kinderbuch entstehen.

Auch wenn es anders war, als er es sich ursprünglich vorgestellt hatte, so hatte er dennoch das Gefühl, dass sich in diesem Augenblick sein Lebenstraum zu verwirklichen begann. Über zwei Jahre lang schickte Leon sein zweites Ich auf erfundene Höhenflüge, während er selbst mühselig wieder laufen lernte. Aber mit den wiederkehrenden Kräften wuchs auch sein Bankkonto, weil das Kinderbuch ein Bestseller wurde und sogar als Vorlage für eine Trickfilmreihe bei der „Sendung mit der Maus“ diente. Als seine Klassenkameraden sich zu ihren ersten Fahrstunden anmeldeten, unterschrieb Leon den heiß ersehnten Ausbildungsvertrag als Segelflugschüler. Der Traum konnte beginnen!

Schluss

Leon wird seinen Traum verwirklichen, wenn auch anders als gedacht.

b) Bericht

*✎ **Hinweis:** Ein **Bericht** ist ein neutraler Text, der sachlich über ein Ereignis aus der Vergangenheit informiert. Er enthält alle wichtigen Fakten, jedoch keine eigene Meinung oder Bewertung des Verfassers oder der Verfasserin. Mit Ausnahme von Zitaten schreibt man Berichte in den Zeitformen der Vergangenheit (v. a. Präteritum, bei Vorzeitigkeit Plusquamperfekt).*
*Folgende Elemente sollte dein Bericht enthalten: Eine interessante **Überschrift**, die auf den Inhalt hinweist, eine kurze **Einleitung** (**Lead**) mit dem sogenannten Berichtskern (**was** ist **wann** und **wo** passiert, **wer** war beteiligt), den **Hauptteil** mit der ausführlichen Beantwortung der weiteren W-Fragen (**wie** war der Ablauf des Geschehens, **warum** und **womit** fand es statt?), den **Schlussteil** mit der Antwort auf die Frage, **welche Folgen** das Ereignis hat. Zur Abrundung passt z. B. ein Zitat einer beteiligten Person oder ein Hinweis auf zukünftige Projekte.*
Achte darauf, alle in der Aufgabenstellung angesprochenen Punkte (Vorbereitungen, Ablauf, Ergebnis, Ausblick auf das kommende Schuljahr) in deinem Bericht zu berücksichtigen. Plane deinen Aufsatz gut, bevor du mit dem Schreiben beginnst. Sammle Stichpunkte zu jedem der genannten Aspekte und bringe sie in eine sinnvolle Reihenfolge.
*Neben Aufbau und Inhalt wird bewertet, ob Wortschatz, Satzbau und Ausdruck zur Textart „Berichten" passen (**Sprachangemessenheit**). Achte auf eine sachliche, themenbezogene Wortwahl, auf abwechslungsreiche Satzanfänge und Überleitungen und vermeide Wiederholungen. Korrigiere deinen Aufsatz zum Schluss gründlich, denn auch die **Sprachrichtigkeit** fließt in die Bewertung mit ein (Rechtschreibung und Grammatik: ganze Fehler, Zeichensetzung: halbe Fehler).*

Handstand auf der Slackline – Bertha's Got Talent

treffende Überschrift

Zu einem Talentwettbewerb hatte der Schülerrat der Bertha-von-Suttner-Schule alle Schülerinnen und Schüler kurz vor Beginn der Sommerferien aufgerufen. Alle, die etwas Besonderes zeigen wollten, konnten sich daran beteiligen und ihr Können beim Abschlussfest auf der Bühne präsentieren. Eine Jury aus Schülerinnen und Schülern, Lehrkräften und Eltern wählte die Siegerinnen und Sieger, die sich über einen Pokal und eine Jahreskarte für das Schwimmbad freuen durften.

Einleitung
Lead mit einer kurzen Zusammenfassung der wichtigsten Informationen (Berichtskern): was, wann, wer, wo

Die Idee zu dem Talentwettbewerb hatte Henriette vom Schulsprecherteam. Die Mitglieder des Schülerrats entwickelten ein Konzept für die Planung und Durchführung des

Hauptteil
warum, wie, womit
Organisation

Wettbewerbs und entwarfen einen Info-Flyer mit den Teilnahmebedingungen, der gedruckt und anschließend in den Klassen verteilt sowie auf der Homepage veröffentlicht wurde. Alle, die bei der Talentshow mitmachen wollten, ob allein oder mit einer Gruppe, mussten eine kurze Beschreibung ihres geplanten Acts bis zu einem bestimmten Termin einreichen. Jede Präsentation sollte zwischen zwei und höchstens fünf Minuten dauern. Auch musste sichergestellt sein, dass bei der Vorführung niemand gefährdet werden würde. Es sollte Pokale für verschiedene Kategorien geben sowie ein Schulsieger oder eine Schulsiegerin gekürt werden. — Teilnahmevoraussetzungen

Am Tag vor der Verabschiedung der Schulabgänger*innen fand schließlich bei strahlendem Wetter das traditionelle Sommerfest mit kulinarischen Angeboten und Unterhaltungsmöglichkeiten wie zum Beispiel den Aufführungen der Schulband und der Hip-Hop-Gruppe statt. Die Talentshow sollte den Höhepunkt des Festes bilden. — Talentwettbewerb als Höhepunkt des Sommerfestes

Zur angekündigten Uhrzeit versammelten sich alle Besucher*innen vor der Bühne auf dem unteren Schulhof, wo der Wettbewerb durchgeführt werden sollte. Nach der Begrüßung durch die Schulsprecherin starteten die jüngsten Jahrgänge mit ihren Talentvorführungen. Als Erstes lieferte Emilia aus der 5 B eine zirkusreife Hula-Hoop-Nummer ab: Einen Reifen nach dem anderen ließ sie sich von ihrer Partnerin zuwerfen, bis schließlich zwölf bunte Plastikringe mit hoher Geschwindigkeit um ihre Taille, ihre Arme und Beine kreisten. — Ablauf des Wettbewerbs: Begrüßung; Hula-Hoop-Nummer

Sportlich ging es auch weiter mit Sinan: Der Fußballfan aus der 6 C schaffte es, zweieinhalb Minuten lang einen Ball mit Kopf und Füßen in der Luft zu halten. — Fußballnummer

Für Begeisterung sorgte anschließend die Vorführung von Tyler, Esma, Florian und Fynn aus der 6 A: Wochenlang hatten sie an ihrem Synchron-Speed-Stacking-Act gearbeitet, bei dem die Becher nicht nur atemberaubend schnell, sondern auch bei allen gleichzeitig und in derselben Reihenfolge zu Pyramiden auf- und wieder abgebaut wurden. — Synchron-Speed-Stacking-Act

Der Siebtklässler Timon zeigte, dass er auf den Händen fast so flott laufen kann wie andere Leute mit ihren zwei Beinen. — auf den Händen laufen

Goethes „Erlkönig“ war die Grundlage für eine besondere — „Erlkönig“-Rap

Performance der Zwillingsschwestern Lena und Luisa aus der 7 A. Sie hatten den Text der Ballade zu einer Parodie umgestaltet, die sie als Rap mit Schlagzeugbegleitung vortrugen.

Showtanz

Die Showtanzgruppe „Flying Bertha“ aus der 8 D beeindruckte mit akrobatischen Sprung- und Wurfeinlagen.

Menschenpyramide

Besonderen Beifall gab es für die Klassenvorführung der 9 C. Unter Anleitung ihres Sportlehrers hatte sie den Aufbau einer Menschenpyramide mit Beteiligung der gesamten Klasse so lange einstudiert, dass bei der Talentshow jeder Griff und jede Bewegung saßen. Es dauerte kaum zwei Minuten, bis sich die wuselige Schülergruppe zu einem geordneten dreistöckigen Turm aufrichtete, kurz in dieser Position verharrte und dann geordnet wieder in sich zusammenfiel.

Highlight: Handstand auf Slackline

Das Highlight der Talentshow präsentierte Jonas aus der 10 B, der auf einer zwischen zwei Bäumen auf dem Schulhof gespannten Slackline einen Handstand machte.

Ergebnis, Siegerehrung

Das beeindruckte auch die Jury am meisten, weshalb er zum Schulsieger gekürt wurde. Die 9 C erhielt den Preis für die beste Gruppenvorführung, Sinan wurde Sieger in der Einzelwertung und den Publikumspreis erhielten die Speed-Stacker aus der 6 A. Und wenn es auch nicht für jede Talentvorführung Preise oder Pokale gab, so war es doch für alle ein tolles Erlebnis und für die Schulabgänger*innen ein unvergesslicher Abschluss ihrer Schulzeit an der „Bertha“.

Schluss
positives Fazit

Welche Folgen?
Ausblick

Ein positives Fazit zieht auch Henriette vom Schülerrat: „Es war zwar viel Arbeit, das alles zu organisieren, aber es hat auch Spaß gemacht. Und für die Schulgemeinschaft hat es ebenfalls viel gebracht. Ich denke, dass es auch im nächsten Jahr wieder heißt: Bertha’s Got Talent.“

c) Argumentation

Hinweis: *Die Vor- und Nachteile zusätzlicher Sportangebote an Schulen sollen in dieser Argumentationsaufgabe gegeneinander abgewogen werden. Bevor du anfängst zu schreiben, solltest du in einer Tabelle die Pro- und-Kontra-Argumente notieren und nach Wichtigkeit ordnen.*
In der ***Einleitung*** *weist du auf die Aktualität des Themas hin und greifst dann die Fragestellung auf, mit der du zum Hauptteil überleitest. Im* ***Hauptteil*** *führst du die Argumente für und gegen solche Zusatzangebote aus und veranschaulichst sie mit jeweils einem konkreten Beispiel. Beim Aufbau des Hauptteils hat sich das sogenannte Sanduhr-Prinzip bewährt: Zunächst führst du die Argumente der Gegenseite aus, und zwar absteigend vom stärksten zum schwächsten. Anschließend kommen in aufsteigender Reihenfolge die Argumente, die deiner Meinung entsprechen. Das überzeugendste Argument nennst du als Letztes, damit es beim Zuhören bzw. Lesen gut im Gedächtnis bleibt. Deine eigene Haltung formulierst du erst im* ***Schlussteil*** *als Fazit und stützt sie noch einmal mit dem besten Argument aus dem Hauptteil.*
Berücksichtige die ***Sprachangemessenheit*** *deines Textes, das heißt die richtige Verwendung der Zeitform (Präsens), treffende Formulierungen, passende Wortwahl, einen abwechslungsreichen Satzbau, Vermeidung von Wiederholungen. Rechtschreibung, Grammatik und Zeichensetzung (**Sprachrichtigkeit**) werden mit maximal vier Punkten bewertet, die sich aus dem Fehlerindex ergeben (Rechtschreibung und Grammatik ganze Fehler, Zeichensetzung halbe Fehler).*

Nachteile	**Vorteile**
Reduzierung von Unterricht in anderen Fächern	Steigert die soziale Kompetenz/ Teamfähigkeit
Die angesprochene Zielgruppe wird nicht erreicht	Möglichkeit, neue Sportarten kennenzulernen
Konkurrenz zu den Sportvereinen	Fitness und Gesundheit der Jugendlichen werden gefördert

Bewegung statt Ballerspiele – Soll die Schule mehr Sportangebote machen?

Überschrift

Im Bereich der Kinder- sowie der Sportmedizin wird zunehmend beklagt, dass es immer mehr übergewichtige Kinder gibt und dass durch Bewegungsmangel die allgemeine Fit-

Einleitung
Diskussion über Übergewicht, Bewegungsmangel bei Kindern

ness der Kinder und Jugendlichen nachlässt. Sollte die Schule gegensteuern und trotz voller Stundenpläne mehr Bewegungs- und Sportangebote schaffen?

Überleitung zum Hauptteil: Fragestellung

Hauptteil

Nachteile der zusätzlichen Sportangebote

1. Argument: mehr Sport geht auf Kosten der anderen Fächer

Was vor allem gegen die Ausweitung des Sportangebotes spricht, ist die damit verbundene Reduzierung der anderen Unterrichtsfächer. Bereits jetzt findet an den meisten Nachmittagen „normaler" Fachunterricht statt, also z. B. Mathematik- oder Fremdsprachenunterricht. Für zusätzliche Sportangebote müssten andere Stunden gestrichen werden. Da ohnehin viel Unterricht wegen Krankheit, Praktika, Projektwochen oder Hitzefrei ausfällt und viele Klassen mit dem Stoff „hinterherhängen", sollte die Situation nicht noch verschärft werden, indem man zugunsten von Sport die Stundenzahl in anderen Fächern verringert.

2. Argument: zusätzliche Sportangebote erreichen die Zielgruppe nicht

Ein weiteres Argument gegen die Ausweitung des Sportangebotes ist, dass diese Maßnahme die eigentliche Zielgruppe nicht erreichen würde. Denn bereits jetzt zählt bei vielen Schülerinnen und Schülern der Sport nicht gerade zu den Lieblingsfächern. In keinem anderen Fach werden so viele Ausreden erfunden und Krankheiten vorgeschoben, um nicht teilnehmen zu müssen. Schülerinnen und Schüler, die gerne Sport treiben, brauchen hingegen solche Zusatzangebote nicht, weil sie andere Möglichkeiten nutzen, z. B. den Vereinssport oder den Besuch des Fitnessstudios.

3. Argument: Konkurrenz für die Sportvereine

Gegen die Forderung nach mehr Schulsport spricht außerdem die problematische Lage der Sportvereine. Viele Vereine leiden unter Nachwuchsmangel. Der örtliche Fußballclub musste z. B. die Spieler der D-, E- und F-Jugend zusammenlegen, um überhaupt ein Team für die Turniere am Wochenende bilden zu können. Gäbe es zusätzliche Sportangebote an der Schule, würde sich der Mitgliederschwund der Vereine möglicherweise noch beschleunigen, weil der Schulsport im Gegensatz zur Vereinsmitgliedschaft nicht mit regelmäßigen Kosten verbunden ist.

Überleitung zu den **Vorteilen**

Trotz dieser Einwände hätte die Einführung zusätzlicher Bewegungs- und Sportangebote an den Schulen aber auch viele Vorteile.

Im Sport und bei Bewegungsspielen lernen sich die Schüler*innen untereinander besser kennen, als wenn sie nur im Klassenraum zusammensitzen. Das fördert das Gruppengefühl, stärkt die Teamfähigkeit und verbessert auf diese Weise das Klassenklima und die Lernatmosphäre. An unserer Schule gibt es in jedem Jahrgang eine Profilklasse mit dem Schwerpunkt „Sport“. Diese Klassen zeichnen sich durch eine besonders starke Klassengemeinschaft und eine niedrige Zahl an „Sitzenbleibern“ aus.

1. Argument: steigert die soziale Kompetenz/Teamfähigkeit der Jugendlichen

Ein weiteres Argument für zusätzliche Sportangebote ist die damit verbundene Möglichkeit, neue Sportarten kennenzulernen und bislang verborgene Fähigkeiten an sich zu entdecken. Viele Jugendliche kennen nur ihren normalen Sportunterricht und haben keine Gelegenheit, auch mal andere Aktivitäten auszuprobieren. Im vergangenen Schuljahr hat z. B. ein Vertretungslehrer an unserer Schule eine Kletter-AG angeboten, die stark nachgefragt wurde. Ein weiterer Kurs im Nachmittagsunterricht war ein Box-Lehrgang, für den es ebenfalls mehr Interessenten als Plätze gab.

2. Argument: Gelegenheit, neue Sportarten kennenzulernen

Der wichtigste Grund, Schülerinnen und Schüler zu mehr Sport in der Schule zu motivieren, ist der gesundheitliche Aspekt. Kinder und Jugendliche verbringen sehr viel Zeit an ihrem Handy oder PC, bewegen sich oft wenig und lieben ungesundes Fast-Food-Essen. Die Folgen davon sind Übergewicht und sogar zunehmend mehr ernährungsbedingte Krankheiten wie z. B. Diabetes schon im Jugendalter. Aus Kinderarztpraxen ebenso wie dem Sportunterricht mehren sich zudem die Rückmeldungen, dass bereits Grundschulkinder Probleme mit der körperlichen Kondition haben und an einfachen Turn- und Koordinationsübungen wie z. B. einem Purzelbaum scheitern. Mehr schulische Sportangebote könnten dazu beitragen, die Kinder wenigstens zeitweise vom Bildschirm wegzuholen und sie mit Bewegung, Spiel und Spaß in der Gruppe dabei zu unterstützen, ihre Fitness und Gesundheit zu verbessern.

3. Argument: zusätzliche regelmäßige Bewegung steigert Fitness und Gesundheit der Kinder und Jugendlichen

Ich unterstütze die Forderung nach mehr schulischen Sport- und Bewegungsangeboten, da diese Maßnahme die Fitness und Gesundheit bei Kindern und Jugendlichen fördern würde.

Schluss

Fazit/eigene Meinung

Abschlussprüfung Deutsch an Realschulen in Hessen 2022
Text 2

Teil I: Lesen

Hinweis: *In den Aufgaben 1 bis 3 ist jeweils nur eine Lösung richtig. Hast du mehrere Kästchen pro Teilaufgabe angekreuzt, gibt es für diese Teilaufgabe keinen Punkt.*

1. a) ☒ zehn

   Hinweis: *vgl. Z. 7f., Z. 189*

   b) ☒ die Ältesten des Dorfes.

   Hinweis: *vgl. Z. 26–29*

   c) ☒ für sauberes Trinkwasser in Reservaten zu sorgen.

   Hinweis: *vgl. Z. 67–69*

   d) ☒ „Children with Nature“.

   Hinweis: *vgl. Z. 189f.*

2. a) ☒ protestieren.

   Hinweis: *„Protestieren“ heißt, dass man einen Zustand nicht akzeptieren will, sondern sich dagegen auflehnt. „Die Stimme erheben“ bedeutet, mit der eigenen Stimme zu protestieren, sich also v. a. mit Worten zur Wehr zu setzen.*

   b) ☒ von jemandem etwas bekommen.

   Hinweis: *Jemandem etwas „abringen“ bedeutet, dass man erst den Widerstand einer anderen Person überwinden muss, weil sie das Gewünschte eigentlich nicht hergeben möchte.*

   c) ☒ aufpasst.

   Hinweis: *„Über jemanden wachen“ bedeutet, auf jemanden besonders zu achten, jemanden zu behüten (vgl. „Wache halten“). Hier ist damit gemeint, dass die Mutter ihre Tochter beschützt.*

   d) ☒ gegraben.

   Hinweis: *Will man einen Baum pflanzen, muss ein Loch gegraben und die darin enthaltene Erde herausgehoben oder – verkürzt – ausgehoben werden.*

3. a) [X] Nur A und D stehen im Text.

Hinweis: ***Aussage A*** *trifft zu (vgl. Z. 37 f.).* ***Aussage B*** *stimmt nicht, denn der Begriff „Generation Greta“ ist nicht der Name einer Organisation, sondern wird von der Autorin des Artikels als Sammelbezeichnung für die Generation der jungen Aktivistinnen verwendet (vgl. Z. 40–44). Auch* ***Aussage C*** *ist falsch; im Text steht nur, dass es auch auf Bali eine Protestbewegung gibt (vgl. Z. 34–37).* ***Aussage D*** *hingegen trifft zu, wie aus Zeile 37 hervorgeht.*

b) [X] Nur C und D stehen im Text.

Hinweis: Aussage A *ist falsch, denn Ellyanne Wanjiku lebt in Kenia (vgl. Z. 14 f.). Auch* ***Aussage B*** *stimmt nicht (vgl. Z. 76–78). Für die richtige* ***Aussage C*** *findet sich ein Textbeleg in den Zeilen 127 bis 129. Auch* ***Aussage D*** *ist richtig (vgl. Z. 154 f.).*

4. ***Hinweis:*** *Um jeweils einen Punkt pro Textmerkmal zu bekommen, müssen die Merkmale sowohl genannt als auch mit passenden Textstellen belegt werden. Das können Zitate, reine Zeilenangaben, Verweise auf Textausschnitte oder Umschreibungen sein, die eine Aussage des Textes mit eigenen Worten wiedergeben. Für das bloße Nennen eines Merkmals ohne Textbeleg gibt es keinen Punkt.*

Mögliche Lösungen (drei erforderlich):

- Interessante Überschrift

  Hinweis: *Die Überschrift ist zwar sehr kurz, weckt aber Aufmerksamkeit durch die weibliche Form: Bei einer Rebellion denkt man eher an Männer und nicht an Mädchen oder Frauen.*
- Vorspann, Teaser, Lead (Z. 1–5)

  Hinweis: *Der Vorspann gibt einen kurzen Überblick über den Inhalt des Artikels.*
- Szenischer oder erlebnisorientierter Einstieg (Z. 6–13)

  Hinweis: *Der Artikel beginnt mit der Beschreibung eines virtuellen Treffens der Autorin mit der jungen Aktivistin Ellyanne Wanjiku. Beim Lesen des ersten Abschnitts hat man das Gefühl, selbst bei dieser Videokonferenz dabei zu sein.*
- Zahlen, Daten, Fakten und Erläuterungen als Hintergrundwissen (z. B. Z. 14–33, Z. 45–54, Z. 60–85, Z. 104–114, Z. 129–141, Z. 144–149, Z. 176–182, Z. 193–200)

  Hinweis: *Die Autorin ergänzt und stützt die Aussagen ihrer Recherchen durch die Beschreibung bereits stattgefundener Aktionen sowie durch bestätigte Daten und Zahlen.*

- Expertenmeinung (vgl. Z. 96–99)
  Hinweis: Die Darstellung der Autorin wird durch den Hinweis auf die Einschätzung von Fachleuten, in diesem Fall Soziologen, abgesichert.
- Autorenkommentar (z. B. Z. 5, Z. 39–44, Z. 84 f., Z. 93–95, Z. 160 f.)
  Hinweis: Die Formulierung „Niemand ist zu jung, um die Welt zu verändern" (Z. 5) spiegelt z. B. die positive Einstellung der Autorin gegenüber den Aktivistinnen wider.
- Zitate von Beteiligten (Z. 12, Z. 31–33, Z. 74–76, Z. 121 f., Z. 152 f., Z. 184 f., Z. 188 f., Z. 201 f.)
  Hinweis: Die Vielzahl von Zitaten vor allem der jungen Ellyanne Wanjiku lässt den Text lebendig und aktuell wirken.
- Wahl der Zeitform: überwiegend Präsens, nur bei Vorzeitigkeit Formen der Vergangenheit (Z. 19–29, Z. 105–107)
  Hinweis: Die überwiegend verwendete Zeitform Präsens betont die Aktualität des Themas.

5. ***Hinweis:** Für die allgemeine Erklärung des sprachlichen Mittels gibt es einen Punkt, für die Erklärung seiner Bedeutung im Textzusammenhang zwei weitere.*

   Mögliche Lösung:
   Erklärung des Stilmittels: Bei einer Personifikation werden Tiere, Pflanzen, Gegenstände oder auch abstrakte Begriffe mit menschlichen Eigenschaften oder Fähigkeiten ausgestattet.

   Bedeutung im Textzusammenhang: Der Naturschutz als Sammelbegriff für eine Vielzahl von Ideen, Projekten und Institutionen hat keine Stimme und kann deshalb nicht rufen. Durch die Personifikation wird anschaulich dargestellt, dass es der Natur schlecht geht und sie auf Hilfe von Naturschutzorganisationen und von Menschen wie Ellyanne Wanjiku angewiesen ist.

6. ***Hinweis:** Es genügt, die Projekte stichpunktartig aufzuführen. Auch Zitate aus dem Text gelten als Lösungen. Textverweise (Zeilenangaben) sind nicht nötig.*

   Mögliche Lösungen (drei erforderlich):
   - Einsatz gegen die Waffenlobby (Z. 2 f., Z. 48)
   - Mobilmachung gegen die Kinderehe (Z. 3, Z. 49 f.)
   - Kampf für sauberes Trinkwasser (Z. 46 f., Z. 68 f.)
   - Bereitstellung kostenloser Hygieneartikel an Schulen (Z. 181 f.)
   - Buchspenden für Schulkinder (Z. 182 f.)

7. *__Hinweis:__ Die Aufgabe verlangt, passende Textstellen* **wörtlich** *zu übernehmen,* ***Anführungszeichen*** *zu setzen und die* ***Zeilenzahl*** *anzugeben. Erklärungen oder Kommentare zu den Zitaten werden nicht erwartet. Für jede richtig zitierte Textstelle gibt es einen Punkt. Fehlende Zeilenangaben oder Anführungszeichen kosten pro Zitat einen halben Punkt.*

   Mögliche Lösungen (drei erforderlich):
   - „Die Rebellinnen" (Überschrift; Z. 45 f., Z. 55, Z. 96 u. a.)
   - „kämpfen" (Z. 2)
   - „Eco Warrior" (Z. 18 f.)
   - „die Welt erobern" (Z. 36)
   - „bekämpfen" (Z. 48)
   - „machen […] mobil" (Z. 49 f.)
   - „verleiht […] Macht" (Z. 58)
   - „Weltkonzerne erschüttern" (Z. 59)
   - „Geh raus, kämpfe […]" (Z. 102 f.)

8. *__Hinweis:__ Die Anweisung „__Erläutere__" bedeutet, dass du Zusammenhänge im Text erkennen und mit deinen eigenen Worten formulieren sollst. Drei Punkte gibt es für eine schlüssige Erläuterung mit Verweis auf die dazugehörige Textstelle. Eine Erläuterung ohne Textbezug wird mit zwei Punkten bewertet. Für eine Textangabe ohne Erläuterung gibt es keinen Punkt. Als Textbezug gelten sowohl Zitate, reine Zeilenangaben als auch Umschreibungen.*

   Mögliche Lösungen (eine erforderlich):
   - Z. 6–13: Beim virtuellen Interview mit der Autorin hat Ellyanne Wanjiku ein Stofftier auf dem Schoß und hält es zwischendurch auch stolz in die Kamera. Dieses Verhalten ist für eine Zehnjährige typisch und macht deutlich, dass sie innerlich noch ein Kind ist.
   - Z. 9–11: Wie viele Mädchen in ihrem Alter spielt auch Ellyanne Wanjiku gern mit Puppen. Das zeigt, dass sie sich in ihre Kinderwelt zurückziehen kann.
   - Z. 12: „Der hilft mir": Trotz ihres selbstbewussten Auftretens klammert sich Ellyanne Wanjiku an ein vertrautes Spielzeug, das ihr beim Treffen mit der fremden Journalistin und in der ungewohnten Situation Halt gibt.
   - Z. 114–117: Die schwärmerische Haltung gegenüber einem Vorbild ist typisch für ein Kind in Ellyanne Wanjikus Alter.
   - Z. 156–159: Ellyanne Wanjiku kennt sich zwar in der Welt der Erwachsenen aus und hat auch keine Berührungsängste gegenüber wichtigen Persönlichkeiten, genießt aber ebenso Spiel und Spaß mit ihren Freundinnen.

– Z. 161–167: Die junge Aktivistin kann die Rollen wechseln wie Kleidungsstücke und sich so verhalten, wie es die jeweilige Situation erfordert. Aber immer wieder kommt das Kind in ihr zum Vorschein.

9. a) ✎ ***Hinweis:** Beim **Herausarbeiten** werden Informationen und Sachverhalte unter einer bestimmten Fragestellung aus dem Text entnommen und zusammenhängend wiedergegeben. Die Fragestellung in dieser Aufgabe bezieht sich darauf, was zum Engagement und zum Erfolg der jungen Aktivistinnen beigetragen hat. Es gibt jeweils zwei Punkte für das schlüssige Herausarbeiten eines Aspektes bezüglich der Fragestellung anhand einer Textstelle. Ohne den Textbezug gibt es nur einen Punkt.*

Mögliche Lösungen (zwei erforderlich):

– Eine wichtige Rolle bei der öffentlichen Wahrnehmung und der Verbreitung von Ideen spielen die sozialen Medien (vgl. Z. 55–58). Eine Voraussetzung, sich überregional zu engagieren, ist der Zugang zum Internet und eine entsprechende digitale Ausstattung, um Aufmerksamkeit zu erregen und Diskussionen anzustoßen.
– Die im Text vorgestellte Aktivistin Ellyanne Wanjiku war erst vier Jahre alt, als sie nach einem Kindergarten-Projekt ihren ersten Baum pflanzte (vgl. Z. 15 f., Z. 107 f.). Ohne die Unterstützung ihrer wohlhabenden und bildungsbewussten Eltern (vgl. Z. 76–84) hätte sie ihre Ideen nicht verwirklichen können. Ein gleichermaßen verständnisvolles und finanziell abgesichertes familiäres Umfeld ist eine wichtige Stütze für die jungen Aktivistinnen (vgl. Z. 201 f.).
– Wer schon als Kind mit wichtigen Personen des öffentlichen Lebens zusammentrifft und sie von der eigenen Sache überzeugen will (vgl. Z. 50–54, Z. 67 f.), benötigt viel Selbstbewusstsein, Redegewandtheit und Durchhaltevermögen. Zudem muss man Widerstände überwinden und Rückschläge einstecken können. Das erfordert Persönlichkeitsmerkmale und Fähigkeiten, die ebenfalls durch den sozialen Hintergrund und die ideelle Unterstützung der Eltern gefördert werden (vgl. Z. 100–103).
– Sowohl in ihrer privaten Umgebung als auch bei ihren Projekten orientiert sich Ellyanne Wanjiku an realen Vorbildern, denen sie nacheifert und von denen sie sich inspirieren lässt (vgl. Z. 76, Z. 104–117, Z. 152 f.). Solche Vorbilder aus Vergangenheit und Gegenwart ermutigen einen, an die eigenen Ziele zu glauben und sie beharrlich zu verfolgen.

- Nicht nur das Elternhaus, auch das schulische Umfeld muss Verständnis aufbringen und die jungen Aktivistinnen beurlauben, z. B. „wenn der Naturschutz ruft“ (Z. 144). Ohne diese Rücksicht auf das außerschulische Engagement der Jugendlichen wäre es ihnen nicht möglich, z. B. an Projekten teilzunehmen oder zu internationalen Konferenzen zu reisen (vgl. Z. 50–54).

b) ***Hinweis:*** *Wie in Aufgabe 8 sollen auch hier wieder Zusammenhänge im Text erkannt und bezogen auf die Aufgabenstellung abgeleitet werden. Drei Punkte gibt es für eine zutreffende Erläuterung im Textzusammenhang, Teilpunkte werden bei dieser Aufgabe nicht vergeben.*

Mögliche Lösungen (eine erforderlich):
- Der Text beschreibt, dass die weltweite Präsenz in den sozialen Medien für die jungen Aktivistinnen von Vorteil ist (vgl. Z. 55–58). Dies führt aber vermutlich auch dazu, dass sie mit unsachlicher Kritik oder sogar Hasskommentaren konfrontiert werden, was schon für Erwachsene schwer auszuhalten ist. Bei Kindern wie Ellyanne Wanjiku könnten fortgesetzte Anfeindungen zur Folge haben, dass sie an ihren Zielen und auch an sich selbst zweifeln.
- Die Teilnahme an weltpolitisch wichtigen Konferenzen, der Kontakt mit berühmten Persönlichkeiten und der Fokus auf das jeweils nächste Projekt lassen den Jugendlichen weniger Zeit und Möglichkeiten, sich mit Gleichaltrigen zu treffen (vgl. Z. 50–54, Z. 168–170). Das könnte dazu führen, dass sie ihrer eigenen Generation fremd bleiben.
- Wenn die jungen Aktivistinnen von der Schule für Projekte freigestellt werden (vgl. Z. 143 f.), versäumen sie automatisch Unterricht. Auch wenn sie bei ihren Engagements viele Dinge lernen, die die Schule nicht vermitteln kann, müssen sie für Prüfungen dennoch den Schulstoff parat haben und privat nacharbeiten.
- Der Text macht deutlich, dass Ellyannes Mutter einen großen Anteil an ihrem Erfolg hat (vgl. Z. 70–76). Es stellt sich die Frage, ob das Mädchen tatsächlich aus eigenem Antrieb so viel geleistet hat oder ob nicht in Wirklichkeit die Mutter ihre ehrgeizigen Ziele und den Wunsch nach öffentlicher Aufmerksamkeit mithilfe ihrer kleinen Tochter verwirklicht.

10. a) *__Hinweis:__ Die Aufgabe enthält zwei Bestandteile: Die Bedeutung des Zitats soll erklärt und mit einem Beispiel veranschaulicht werden. Dabei musst du auf eigene Einfälle und eigene Erfahrungen zurückgreifen, denn bei der Erklärung des Zitats wird kein Textbezug erwartet. Es gibt drei Punkte für eine plausible Erklärung mit einem nachvollziehbaren Beispiel, Teilpunkte werden nicht vergeben.*

Mögliche Lösung:
Bei Vorschriften handelt es sich um Regeln, die man gezwungenermaßen einhalten muss. Vorbilder dagegen sind Menschen, die man respektiert oder sogar bewundert und deshalb versucht, sie nachzuahmen bzw. ihre Denkweise zu übernehmen. Wenn Eltern z. B. ihren Kindern das Rauchen verbieten, weil es erst mit 18 gesetzlich erlaubt ist, sollten sie selbst Nichtraucher sein, um glaubwürdig zu wirken.

b) *__Hinweis:__ Ob du dem Zitat zustimmst oder es ablehnst, für die volle Punktzahl kommt es in beiden Fällen auf eine nachvollziehbare Begründung deiner Haltung an. Teilpunkte werden nicht vergeben. Auch bei dieser Aufgabe brauchst du dich nicht auf den Text zu beziehen.*

Mögliche Lösungen:
Zustimmung:
Meiner Meinung nach entspricht das Zitat der Wahrheit. Denn im Gegensatz zu Vorschriften sucht man sich seine Vorbilder selbst aus und ist dann auch entsprechend motiviert, ihnen nachzueifern. Auch erscheinen einem als junger Mensch nicht alle Vorschriften als sinnvoll: Warum muss man bei Rot an der Fußgängerampel warten, wenn die Autos noch weit weg sind? Es hilft, wenn Erwachsene sich vorbildhaft verhalten und das Befolgen solcher Vorschriften vorleben.

Ablehnung:
Ich stimme der Aussage des Zitats nicht zu. Gerade in der heutigen Zeit suchen sich junge Menschen Vorbilder, die mit ihren Musiktexten und teilweise auch mit ihrer Lebensweise ein zweifelhaftes Regelverständnis vermitteln, z. B. aus der Rapper-Szene. Auch auf Social-Media-Kanälen wie TikTok werden Influencer zu Vorbildern, die ihre Follower zu völlig sinnlosen, schädlichen und bewusst regelbrechenden Aktionen veranlassen. Vorschriften müssen sein, um solches Fehlverhalten zu begrenzen und ein Zusammenleben zu ermöglichen.

Teil II: Schreiben

II.A: Textproduktion (Wahlaufgabe)

a) Erzählung

*✎ **Hinweis: Aufbau/Inhalt:** Die Aufgabe ist so formuliert, dass die wesentlichen Textelemente bereits vorgegeben sind: Die Hauptperson, ein Projekt, ein erfolgreiches Engagement, eine positive Veränderung. Innerhalb dieses Gestaltungsspielraums entwickelst du deine Geschichte. Überlege dir eine passende **Überschrift** und einen schlüssigen und gradlinigen Handlungsaufbau. In der **Einleitung** sollten die Hauptperson/en, der Handlungsort sowie die Ausgangssituation vorgestellt werden. Im **Hauptteil** steht die Durchführung des Projekts im Mittelpunkt. Dabei könnten z. B. unerwartete Probleme, die den Erfolg gefährden, für Spannung sorgen. Der **Schlussteil** beschreibt das glückliche Ende bzw. die positive Veränderung, die das Engagement trotz möglicher Widerstände bewirkt hat.*
***Sprachangemessenheit:** Verwende abwechslungsreiche und anschauliche Formulierungen (keine Wiederholungen, treffende Verben und Adjektive, passende Vergleiche, Metaphern und Personifikationen). Wechsle nicht die Zeitform (außer, wenn du über Dinge schreibst, die in der Vergangenheit oder Zukunft des Handlungsgeschehens liegen) und halte die zu Beginn gewählte Erzählperspektive (Ich- oder Er-/Sie-Form) durchgängig ein.*
***Sprachrichtigkeit:** Fehler in der **Rechtschreibung und Grammatik** zählen als ganze Fehler, die in der **Zeichensetzung** als halbe Fehler.*

Franzi for future

Überschrift

„Da, schon wieder eine! Und da! Und noch eine!“ Franzi zeigte auf die zertretenen schmutzigen Lappen von undefinierbarer Farbe, die sich rechts und links des Schulwegs im Gebüsch und im Rinnstein knäulten. „Was meinst du?“ Franzis Freundin Lea schaute irritiert von ihrem Handy auf. „Na die Corona-Masken. Überall fliegen sie rum. Das ist doch eine Sauerei!“ Lea zuckte die Achseln. „Na und? Wen juckt's. Die landen sowieso alle im Meer.“ „Spinnst du?“ Franzi war empört. „Ich habe gelesen, dass es Jahrhunderte dauert, bis sich der Maskenstoff zersetzt. Und bis dahin verseucht er nicht nur das Meer, sondern landet als Mikroplastik in unserem Essen, also in uns!“ Lea ließ sich nicht aus der Ruhe bringen. „Mir egal. Ich esse sowieso keinen Fisch“,

Einleitung
Hauptperson (Franzi)

Handlungsort (Schule, Schulweg)

Ausgangssituation (Franzi erkennt, dass man/sie aktiv werden muss.)

sagte sie und vertiefte sich wieder in ihr Handy. „Tolle Einstellung! Man muss doch was tun, wenn man nicht an dem ganzen Dreck ersticken will!“

Hauptteil

Lea merkte, dass Franzi jetzt wirklich sauer war. „Hast ja recht“, sagte sie und schob das Handy in die Hosentasche. „Aber was willst du denn machen? Freitags auf der Demo mitlaufen? Werden dann weniger Masken in der Pampa entsorgt?“ Franzi schüttelte den Kopf. „Nein. Ich meine was Richtiges. Hier bei uns, sodass es alle mitkriegen und vielleicht sogar mitmachen.“ Lea stupste ihr freundschaftlich den Ellenbogen in die Seite. „Dann schnapp dir halt einen Plastiksack und eine Müllzange und sammele die Masken ein. Das kriegen bestimmt alle mit“, grinste Lea. Ihre Freundin schwieg. Vielleicht war das gar keine so schlechte Idee. Aber allein würde sie nur wenig ausrichten können. Wie könnte sie möglichst viele ihrer Mitschülerinnen und Mitschüler motivieren, ebenfalls aktiv zu werden und sich zu beteiligen? Die vielen achtlos weggeworfenen Masken waren ja nur ein Teil des Problems. Der Müll entlang des Schulwegs und am Bahnhof zeugte davon, dass ein Großteil der Jugendlichen dieselbe Mir-doch-egal-Einstellung wie Lea hatte.

Lea bringt Franzi auf eine Idee.

„Ich hab’s! Das ist es! Hör zu …“ Franzi blieb so abrupt stehen, dass Lea fast gestolpert wäre. Den Rest des Schulweges redete Franzi ununterbrochen auf Lea ein, die immer wieder den Kopf schüttelte oder abwehrend die Hände hob. Erst als sie in der Klasse angekommen waren, gab Lea ihren Widerstand auf. „Na gut, du hast mich fast überzeugt. Wir versuchen es. Mehr als schiefgehen kann es nicht. Morgen ist Klassenratsstunde. Ich werde dich unterstützen. Vielleicht fallen sie dir ja um den Hals und krönen dich zur Umweltkönigin. Aber ich bezweifle es.“

Franzi erklärt Lea ihren Plan.

Lea hat Vorbehalte, will Franzi aber helfen.

Den ganzen Nachmittag und Abend feilte Franzi an ihrem Konzept und notierte sich Stichworte für ihre Ansprache an die Klasse. Denn ohne möglichst viele Mitstreiter*innen würde sie keinen Erfolg haben, das war ihr klar. Und so sah ihr Plan aus: Im Rahmen eines Müllsammelwettbewerbs sollte die Klasse belohnt werden, die innerhalb eines Schulhalbjahres den meisten Abfall auf einer vorgegebenen Fläche

Franzis Plan

bzw. Strecke einsammelt. Jede Woche sollte eine andere Klasse auf ihrem morgendlichen Schulweg zwischen Bahnhof und Schulgelände alles einsammeln, was eigentlich in den Müll gehört. Die Aufgaben, die sie ihrer eigenen Klasse zugedacht hatte und von denen sie ihre Mitschüler*innen überzeugen wollte, waren die Ausgabe der Müllzangen und Plastiksäcke, die Aufsicht besonders am Bahnhof und natürlich das Wiegen des gesammelten Mülls.

„Statt Strafe fürs Wegschmeißen gibt es eine Belohnung für das Aufheben des Mülls“, erläuterte sie ihrer Klasse am nächsten Tag den Kerngedanken ihres Umweltprojektes. Die 10 B3 war skeptisch. „Und wann sollen wir das machen? Da geht Unterrichtszeit verloren, das erlaubt die Schulleitung nie“, war Sebastian überzeugt. Am meisten regte sich Jannis auf. „Ich habe keine Lust darauf. Bin ich Müllsammler? Was habe ich denn mit dem Abfall auf dem Schulweg zu tun? Das ist eine einzige Zumutung!“, schimpfte er in aggressivem Ton. „Was ist mit der Belohnung für den ersten Preis? Sollen wir die etwa aus der Klassenkasse bezahlen?“, wollte Anke wissen. Aber es gab auch Zustimmung zu Franzis Konzept. „Ich finde es gut und würde mitmachen. Mich stört der Müll auf dem Schulweg auch. Wenn das Müllsammeln eine Challenge wird, schmeißt keiner mehr seinen Dreck einfach so weg, weil er den anderen Gruppen keinen Vorteil verschaffen will“, erklärte Marvin. Am Ende hatte Franzi den Großteil der Klasse von ihrem Projekt überzeugt.

Es gibt Widerstände in der Klasse.

Franzi kann ihre Klasse überzeugen.

Wider Erwarten stieß ihr Plan auch bei der Schulleitung auf ungeteilte Zustimmung. „Großartige Idee“, sagte Herr Klose, „wir holen den Förderverein mit ins Boot, der kümmert sich sicher gerne um die Preise für die besten Müllsammler. Frau Sperber soll einen Zeitungsbericht über eure Aktion schreiben. Und auf die Website stellen wir das auch.“ Franzi fühlte sich fast ein bisschen überrumpelt von der Begeisterung des Direktors. „Bis jetzt haben wir ja nur eine Idee. Also schon auch ein Konzept. Aber wir brauchen auch Hilfe, z. B. die Zangen und Müllsäcke … und wann welche Klassen eingeteilt werden sollen … und dass dann manche vielleicht zu spät zum Unterricht kommen, weil sie noch bei der Aufsicht sind

Die Schulleitung gibt ihre Zustimmung und will Franzi unterstützen.

oder den Müll wiegen." Franzi geriet ins Stammeln. „Ihr müsst das nicht alleine machen", beruhigte sie der Schulleiter. Aber dein Plan ist so gut, dass er unbedingt ausprobiert werden muss. Ich werde die Hausmeister beauftragen, euch zu unterstützen.

Schon nach wenigen Tagen Vorbereitung ging es los. Biniam und Jannis, der sich schließlich doch widerwillig zum Helfen bereit erklärt hatte, positionierten sich frühmorgens am Bahnhof und übergaben den Mädchen und Jungen aus der 6 C, die das Los als erste Gruppe bestimmt hatte, Müllzangen und Plastiksäcke. Dann begleiteten sie die Gruppe auf ihrem Weg und achteten darauf, dass die Zangen nicht als Fechtwaffen genutzt wurden. „Nicht trödeln", trieb Jannis einen Sechstklässler an, der sich damit abmühte, mit der Müllzange eine Zigarettenkippe aus einer Pflasterfuge zu greifen. „Aber wir wollen gewinnen, da zählt jeder Dreck", antwortete der Junge ernst, „außerdem verseucht eine einzige Kippe rund 50 Liter Grundwasser." Jannis war verblüfft. „Ehrlich? Das habe ich gar nicht gewusst. Warte, ich helfe dir." Er holte einen Plastikhandschuh aus der Hosentasche, zog ihn über, hob die Kippe auf und warf sie in den Müllbeutel.

Das Projekt beginnt.

Jannis ändert seine Meinung.

„Vielleicht hat Franzi ja doch recht", dachte er mit Blick auf die zahllosen Zigarettenkippen rechts und links des Weges. „Wir müssen alle besser aufpassen, sonst ersticken wir in unserem eigenen Dreck." Dann eilte er hinter den Schülerinnen und Schülern her, um den anderen in seiner Klasse beim Müllwiegen zu helfen. Am Ende des Projektzeitraums hatte die 6 C tatsächlich gewonnen. Stolz präsentierten die Mädchen und Jungen auf dem Zeitungsfoto ihren Pokal, die Ehrenurkunden und die Schwimmbadgutscheine, die der Förderverein spendiert hatte. „Macht ihr nach den Ferien weiter?", wollte der Reporter von Franzi wissen. Die Zehntklässlerin musste lachen. „Wahrscheinlich nicht", antwortete sie fröhlich, „es liegt nämlich überhaupt kein Müll mehr auf dem Schulweg. Aber wir planen schon ein neues Umweltprojekt. Mehr wird noch nicht verraten!"

Schluss

Franzis Projekt hat eine positive Veränderung erreicht.

b) Bericht

__Hinweis:__ Der Bericht ist eine Textsorte, die besonders in Zeitungen zu finden ist. Anders als bei erzählenden Texten kommt es hier auf die sachliche und informative Gestaltung des Inhaltes an. Meinungen, Wertungen und Kommentare der Verfasserin oder des Verfassers gehören nicht hinein. Wie bei einer Kamera, die das Geschehen von außen filmt, ist die Perspektive also die eines neutralen Beobachters. Es gibt eine __Einleitung__ („Lead"), in der als Berichtskern die Antworten auf die Fragen __was, wann, wo, wer__ in Kurzform zusammengefasst werden. Im __Hauptteil__ wird der Ablauf des Geschehens (__warum, wie, womit__) chronologisch dargestellt. Am Ende sollte ein kurzer __Schlussteil__ den Bericht abrunden, z. B. mit einem zitierten Kommentar einer/eines Beteiligten und/oder einem Ausblick auf weitere Projekte (__welche Folgen__).
Die meisten Punkte erhältst du für __Aufbau, Inhalt__ und die formalen Aspekte deines Berichtes (24 Punkte). Dazu gehören eine treffende Überschrift und die plausible Darstellung des gewählten Ereignisses. Achte darauf, dass du beim Thema bleibst und nicht weitläufig abschweifst. Das heißt, dass du Informationen, die keinen Bezug zum dargestellten Inhalt haben, weglässt.
Bis zu zwölf Punkte gibt es für die __Sprachangemessenheit__ deines Textes. Achte auf die Zeitformen der Vergangenheit, bleibe bei der sachlichen Außenperspektive und verwende treffende und abwechslungsreiche Formulierungen.
Mit bis zu vier Punkten wird die __Sprachrichtigkeit__ bewertet. Dabei zählen Fehler in der Rechtschreibung und Grammatik als ganze Fehler, die in der Zeichensetzung als halbe Fehler.

Prima Klima an der „Bertha"

treffende Überschrift

Mit einem selbst gebauten Windrad hat die Klima-AG der Bertha-von-Suttner-Schule in Nidderau gezeigt, dass man bei entsprechendem Ehrgeiz auch mit vergleichsweise einfachen Mitteln und auf einem eher kleinen Grundstück genügend Strom erzeugen kann, um z. B. die Backöfen und Teigrührer in der Schulküche zu betreiben.

Einleitung
Lead mit den wichtigsten Informationen (Berichtskern): was, wann, wer, wo

Über vier Meter lang war die Kuchentheke, die die Schulcafé-AG unter der Leitung von Frau Sanchez-Hohmann zur Einschulungsfeier der neuen Fünftklässler mit Gebäck und Torten bestückt hatte. Das Besondere an dem verlockenden Tisch: Der Strom zum Backen der Muffins und Cupcakes, Biskuitböden und Blechkuchen war, genauso wie die Lecke-

Hauptteil
warum, wie, womit

reien auf der Kuchentheke, in diesem Jahr komplett selbst erzeugt. Möglich wurde das durch MiWiAn, wie die Schülerinnen und Schüler der Klima-AG ihre Mini-Windkraftanlage getauft hatten.

AG-Leiter und Physiklehrer Michael Stein hatte die Idee, mit Unterstützung einer ortsansässigen Schlosserei einen zehn Meter hohen Mast auf dem zugigen oberen Schulhof zu errichten und ein kleines Generatorgehäuse mit drei Rotoren darauf zu installieren. Ein Jahr Planung, Tüftelei und auch Papierkrieg war nötig, bis aus dieser Idee tatsächlich Wirklichkeit wurde und der erste selbst erzeugte Strom ins schulische Netz eingespeist werden konnte.

Idee und Voraussetzungen

Zunächst musste ein geeigneter Platz gefunden werden, weit genug entfernt von Bäumen und Gebäuden, damit der Wind freie Fahrt hat. Weil im letzten Herbst auf dem oberen Schulhof zwei kranke Platanen gefällt worden waren, bot sich an dieser Stelle genügend Raum für das geplante Projekt. Jannis und Mike aus der 10 B3 kümmerten sich um die notwendigen Genehmigungsformulare bei der Gemeinde, der Bundesnetzagentur sowie bei der Naturschutzbehörde. Nachdem alle Ämter grünes Licht gegeben hatten, begann für die Mitglieder der Klima-AG eine mehrwöchige Planungsphase. Kataloge mit verschiedenen Bausätzen und Zubehörteilen wurden gewälzt, Entwürfe gezeichnet und Modelle gebaut. Als außerschulischer Kooperationspartner ließ sich die ortsansässige Firma „Control Mechatronics" für das Projekt begeistern und übernahm die Patenschaft. Regelmäßig besuchte einer der Auszubildenden die Klima-AG und stand den Jugendlichen mit seinem Anwendungswissen zur Seite.

Ablauf der Planung und Umsetzung

Unterstützung durch außerschulische Experten

Nach mehrmonatiger Arbeit in der Klimawerkstatt war es endlich so weit: MiWiAn, die Windmühle mit drei silbrig glänzenden Rotorblättern und einem technischen Innenleben aus Generator und Steuerelektronik, war einsatzbereit. Jetzt musste sie nur noch auf den Mast montiert und an das schulische Stromnetz angeschlossen werden. Damit der dreibeinige Stahlmast die nötige Stabilität erhielt, hob der Wahlpflichtkurs „Arbeitslehre" aus dem Jahrgang 9 entsprechend tiefe Löcher aus und betonierte den Mast fachgerecht ein. Für den

Fertigstellung

Montage und Anschluss

letzten Schritt griffen die jungen Windkraftaktivistinnen und -aktivisten auf professionelle Hilfe zurück. Um MiWiAn mit dem schulischen Stromnetz zu verbinden, mussten eine Tiefbaufirma und ein Elektriker beauftragt werden. Das ermöglichte eine großzügige Spende der Bürgerstiftung, die nachhaltige Schulprojekte immer gern unterstützt.

Am 4. Mai, nachdem der Wetterdienst ein paar Tage mit der passenden Windstärke vorhergesagt hatte, durfte Emilia aus der Klima-AG die Steuerungssoftware starten, und unter dem Jubel aller setzten sich MiWiAns Rotoren in Bewegung. Gleichzeitig leuchtete das Display im eigens installierten Stromzähler auf und begann, die gesammelten Kilowattstunden zu zählen. Für die Stromversorgung der gesamten Schule reicht der kleine Generator natürlich nicht, aber zur Herstellung der Kuchen und Kekse für die diesjährige Einschulungsfeier hat sich der Wind genügend angestrengt, wie AG-Leiter Michael Stein zufrieden vermerkte.

Ergebnis: Die Anlage funktioniert.

Seinen Schülerinnen und Schülern hat das Projekt nicht nur Spaß gemacht, sondern auch ihr Wissen und Können im Zusammenhang mit nachhaltiger Energieerzeugung ein ganzes Stück erweitert. „Jetzt weiß ich, wie Windkraft funktioniert. Nächstes Jahr werde ich siebzehn, bis dahin bauen wir ein Elektroauto“, kündigte Marvin augenzwinkernd an.

Schluss

Welche Folgen? Wissen und Können erweitert

Pläne für ein neues Projekt

c) Argumentation

__Hinweis:__ In dieser Argumentation sollen die Vor- und Nachteile, die es für junge Menschen hat, ihr Leben einem politischen Ziel zu widmen, einander gegenübergestellt werden. Der Text „Die Rebellinnen" liefert dir dazu einige Denkansätze sowohl für die Pro- als auch für die Kontra-Seite. Du kannst die Argumente aus dem Text ebenso verwenden wie deine eigenen. Notiere zunächst in einer Tabelle die Vor- und Nachteile und sortiere sie nach Wichtigkeit bzw. Überzeugungskraft. In der __Einleitung__ kannst du dich auf den Text beziehen oder auch auf aktuelle Ereignisse, z. B. die „Fridays for Future"-Bewegung. Anschließend formulierst du das Thema als Fragestellung und leitest damit zum __Hauptteil__ über. Hier führst du aus, welche Vor- und Nachteile politisches Engagement für junge Menschen hat. Erst stellst du, absteigend vom stärksten zum schwächsten, die Argumente der Gegenseite dar. Anschließend formulierst du in aufsteigender Reihenfolge die Argumente, die deiner eigenen Meinung entsprechen (Sanduhr-Prinzip). Jedes Argument sollte mit einem konkreten Beispiel überzeugend veranschaulicht werden. Der __Schlussteil__ beinhaltet das Fazit mit deiner eigenen Haltung zur Diskussionsfrage. Erst hier äußerst du deine Meinung und bekräftigst sie noch einmal mit dem überzeugendsten Argument aus dem Hauptteil.
Neben Aufbau und Inhalt wird auch bewertet, ob du die sprachlichen Anforderungen an eine Argumentation erfüllt hast (__Sprachangemessenheit__). Besonders wichtig sind sachliche, knappe Formulierungen sowie ein treffender Wortschatz. Nutze den Text, um passende themenbezogene Ausdrücke zu finden. Achte auf logische Satzverknüpfungen (vor allem kausal: „deshalb", „daher", „weil/da" etc.) sowie einen abwechslungsreichen Satzbau und vermeide Wiederholungen. Auch Rechtschreibungn, Grammatik (ganze Fehler) und Zeichensetzung (halbe Fehler) fließen mit bis zu vier Punkten in die Bewertung ein (__Sprachrichtigkeit__).

Nachteile	**Vorteile**
Unterrichtszeit/Schulstoff wird versäumt	Andere Menschen/andere Orte kennenlernen
Einschränkungen bei der Freizeitgestaltung/beim Ausüben eines Hobbys	Einblick in politische Abläufe und Strukturen erhalten
Psychische Belastungen durch Anfeindungen im Netz und auf der Straße	Einfluss nehmen auf die politische Entwicklung/auf die eigene Zukunft

Auf die Straße statt in die Schule – Sollen junge Leute sich politisch engagieren?

Überschrift

Einleitung

aktuelle Diskussion über die „Fridays for Future“-Bewegung

Weltweit schließen sich immer mehr Schülerinnen und Schüler der jungen schwedischen Aktivistin Greta Thunberg an, die zum Kampf gegen die Klimaerwärmung aufgerufen hat. Jeden Freitag finden in verschiedenen Städten Demonstrationen und Mahnwachen statt, bei denen junge Menschen mit fantasievollen Aktionen für eine klimafreundliche Politik demonstrieren. Doch welche Vor- und Nachteile hat es, sich als junge Aktivistin oder junger Aktivist für politische Ziele einzusetzen?

Überleitung zum Thema: Aufgreifen der Fragestellung

Hauptteil

Nachteile des politischen Engagements:

1. Argument: Fehlstunden in der Schule, versäumter Unterrichtsstoff

Wenn sich Jugendliche an Demonstrationen während der Schulzeit beteiligen, versäumen sie Unterrichtsstoff, den sie nur schwer wieder nachholen können. Es gibt Schüler*innen, die jeden Freitag zu einer anderen der verschiedenen Protestveranstaltungen reisen, die deutschlandweit in mehreren Städten stattfinden. Manche sind zusätzlich in Ortsgruppen aktiv, in denen sie Veranstaltungen vorbereiten, Petitionen entwerfen oder z. B. Protestschreiben und Flyer verfassen. Auf diese Weise fehlt ihnen noch mehr Zeit für die Schule. Das kann am Ende zu schlechten Abschlussprüfungen führen und sich nachteilig auf ihr weiteres Leben auswirken, denn bei Bewerbungen zählen gute Zeugnisse.

2. Argument: politisches Engagement schränkt die Möglichkeiten der Freizeitgestaltung und die Zeit für Hobbys ein

Ein weiterer Nachteil, den das Leben als Aktivistin oder Aktivist mit sich bringt, sind die Einschränkungen bei der persönlichen Freizeitgestaltung. Der Einsatz für politische Ziele bestimmt bei manchen Jugendlichen das komplette Leben. Mein langjähriger Fußballfreund aus der Parallelklasse hat für den Klimakampf sogar seinen Sport aufgegeben, obwohl er sich bereits für die Jugendauswahl qualifiziert hatte. Er fand keine Zeit mehr für das regelmäßige Training. Auch an spontanen Treffen oder Unternehmungen am Wochenende nimmt er kaum noch teil, weil er auf eine Klimakonferenz muss oder einfach zu müde von der letzten Demo ist.

3. Argument: Hasskommentare im Netz und Beschimpfungen auf der Straße

Der dritte Grund, sich bei politischen Aktionen eher zurückzuhalten, ist der raue Umgang mit den jungen Aktivistinnen und Aktivisten. Vielen Menschen sind die öffentlichen Aktionen und besonders die Freitagsdemos ein Dorn im Auge. Im

Netz und auf der Straße sind die Aktivistinnen und Aktivisten gezielten Anfeindungen ausgesetzt und werden kritisiert, beleidigt und auch persönlich diffamiert. „Schulschwänzer" gehört noch zu den harmlosen Beschimpfungen, die sie sich anhören müssen. Auf Dauer können Pöbeleien und Hasskommentare, denen man vor allem im Netz hilflos ausgesetzt ist, zu psychischen Belastungen führen. Eine Freundin meiner Mutter hat erzählt, dass ihre Tochter nicht mehr gut schlafen kann, seit sie auf Instagram zu einer Klimademo aufgerufen hat und daraufhin mit bösartigen Kommentaren überzogen wurde.

daraus folgende psychische Belastungen

Trotz dieser Einwände spricht auch viel für das Engagement junger Leute für politische Ziele.

Überleitung zu den Vorteilen

Wer häufig an Demonstrationen in verschiedenen Städten teilnimmt, erweitert seinen Horizont. Man kommt ständig in Kontakt mit Gleichgesinnten, knüpft Freundschaften und bekommt Ideen für neue Aktionen. Zusätzlich lernt man Städte kennen, die man sonst nicht besucht hätte. Wenn ich mich mit meinem Fußballfreund montags in der Pause treffe, hat er immer spannende und lustige Erlebnisse von seinem Demo-Wochenende zu erzählen. Inzwischen hat er auch zahlreiche Städte innerhalb und sogar außerhalb Deutschlands bereist, die ich höchstens vom Namen her kenne.

1. Argument: Man lernt viele Gleichgesinnte kennen /reist an viele Orte.

Ein weiteres Argument für politisches Engagement ist die damit verbundene Möglichkeit, Einblicke in politische Strukturen und Abläufe zu erhalten. Es genügt nicht, auf die Straße zu gehen und Forderungen zu stellen. Wer sich für ein bestimmtes Ziel, z. B. die Bekämpfung der Klimakrise, einsetzen will, muss sich mit den thematischen Grundlagen und Zusammenhängen vertraut machen. Man muss Zahlen, Daten und Fakten kennen, um in Diskussionen überzeugen zu können. Auch lernt man, welche Entscheidungsträger in der Politik für das eigene Anliegen zuständig sind und wie man sie ansprechen bzw. erreichen kann. Seit mein Fußballfreund aktiv in der Klimabewegung mitarbeitet und sogar schon als Delegierter an einer Klimakonferenz teilgenommen hat, kann im Wahlpflichtkurs „Politik und Wirtschaft" keiner mehr mit

2. Argument: Einblicke in politische Abläufe und Strukturen

ihm mithalten. Sogar unsere Lehrerin muss vor seiner ausgefeilten Argumentation regelmäßig kapitulieren.

Der wichtigste Grund, sich schon als junger Mensch politisch zu engagieren und mit Aktivitäten öffentliche Aufmerksamkeit zu erregen, ist der Einsatz für die eigene Zukunft. Ob es um Klima, Energie, Umwelt oder Armutsbekämpfung geht, im Mittelpunkt stehen immer die Ressourcen der jungen und der folgenden Generationen. Jugendliche, die auf die Straße gehen und Forderungen stellen, handeln also in ihrem eigenen Interesse und wollen sich zudem nicht in einigen Jahren vorwerfen lassen, z. B. nichts gegen die Erderwärmung getan zu haben. Mit ihrem aktiven Einsatz haben junge Menschen die Möglichkeit, Einfluss auf die politische Entwicklung zu nehmen und Veränderungen zu bewirken.

3. Argument: Einflussnahme auf die politische Entwicklung /aktive Mitgestaltung der eigenen Zukunft

Abschließend bin ich der Meinung, dass junge Menschen sich aktiv politisch betätigen und z. B. Protestbewegungen unterstützen sollten, weil sie damit Verantwortung für die Gestaltung ihrer eigenen Zukunft übernehmen.

Schluss

Fazit /eigene Meinung: Vorteile überwiegen, v. a. die Mitgestaltung der eigenen Zukunft

II.B: Sprachliche Richtigkeit

1. ✎ ***Hinweis:*** *Für jeden richtig korrigierten Fehler gibt es einen halben Punkt. Wenn du mehr als zwölf Fehler im Text markierst und korrigierst, gehen nur die ersten zwölf in die Wertung ein. Für fehlerhafte Korrekturen gibt es keinen Punkt.*

Gemessen an ihrer Körpergröße haben Vögel zwar ein ~~verhältnismäsig~~ **verhältnismäßig**[1] großes Gehirn, mehr als fünf bis zwanzig Gramm bringt so ein Vogelhirn aber nicht auf die ~~Wage~~ **Waage**[2]. Trotzdem sind einige Arten wie Raben, Tauben, Eulen oder Elstern erstaunlich schlau. Sie benutzen Werkzeuge, spielen nach ~~endsprechendem~~ **entsprechendem**[3] Training Memory, planen in die Zukunft, können sich in andere ~~hineinversezen~~ **hineinversetzen**[4], Zusammenhänge erkennen und angemessene Schlussfolgerungen ziehen. Mehr noch: Raben erkennen sich selbst im Spiegel, Tauben sind in der Lage, die englische Rechtschreibung bis zum Niveau eines ~~Sechsjährigen~~ **sechsjährigen**[5] Kindes zu erlernen, und sie können zwischen einem Kunstwerk von Picasso und Monet unterscheiden, wie Experimente bewiesen haben. Diese Vögel sind damit ~~ofenkundig~~ **offenkundig**[6] genauso klug wie Schimpansen und Menschenaffen. Dabei erscheint das Gehirn der Vögel auf den ersten Blick sehr wenig organisiert. Den Tieren fehlt auch die für Säugetiere typische und in Falten gelegte Großhirnrinde**, (fehlendes Komma)**[7] in der das Denken und die Kreativität ~~angesidelt~~ **angesiedelt**[8] sind. Deshalb hält sich ~~seid~~ **seit**[9] 150 Jahren die Ansicht**, (fehlendes Komma)**[10] dass ein Vogelhirn lediglich aus Klumpen grauer Zellen besteht. Das ~~Schimfwort~~ **Schimpfwort**[11] „Spatzenhirn" ist vermutlich Ausdruck dieser historischen Geringschätzung. Dennoch ist das sensorische Hirnareal von Tauben und Eulen der Großhirnrinde von Säugetieren verblüffend ähnlich. Die Arbeiten von Tübinger Forschern werfen die Frage nach dem Ursprung des Bewusstseins auf. Nach ~~denn~~ **den**[12] aktuellen Befunden könnte diese Hirnfunktion älter und unter den Lebewesen weiter verbreitet sein als bisher angenommen.

Nach: Hildegard Kaulen: Krähen verfügen über eine Art von Bewusstsein, FAZ.net vom 02. 10. 2020, https://www.faz.net/aktuell/wissen/leben-gene/studie-aus-tuebingen-kraehen-haben-ein-bewusstsein-16976403.html

*✎ **Hinweis:** **1**) Der Wortteil „**-mäßig**" lässt sich ableiten von dem Nomen „das Maß"; langer Vokal **a** bzw. **ä**, deshalb wird hier das scharfe **ß** verwendet. **2**) Das Messgerät zur Bestimmung von Gewichten wird aus historischen Gründen mit **-aa-** geschrieben. Weder lässt sich ein Zusammenhang mit den Verben „wiegen" oder „abwägen" herstellen noch die Schreibweise beim Sprechen heraushören – eine der vielen Unwägbarkeiten in der deutschen Rechtschreibung. **3**) **ent**sprechend – Zusammensetzung aus der Vorsilbe „ent-" und dem Verb „sprechen"; gleichbedeutend mit „vergleichbar sein". Hingegen wird die Vorsilbe „end-" oder „End-" nur verwendet, wenn sinngemäß etwas „zu Ende" ist (endlich, endgültig, Endhaltestelle). **4**) Nach einem **kurzen Vokal** steht **tz** (setzen, Sitz, Schatz); das einfache z wird nach langen Vokalen, Doppelvokalen (siezen, reizen, Schnauze) oder nach Konsonanten verwendet (tanzen, Herz). **5**) Die Altersangabe wird hier als **attributives Adjektiv** zum nachfolgenden Nomen verwendet und muss deshalb kleingeschrieben werden. **6**) Da das **o** ein **kurzer Vokal** ist, folgt ein Doppelkonsonant. **7**) Zwischen dem Hauptsatz und dem nachfolgenden Relativnebensatz steht ein Komma. Der **Relativnebensatz** ist erkennbar an dem Relativpronomen „der", ersetzbar mit „welcher". **8**) In der Regel wird das **ie** verwendet, wenn der i-Laut am Ende einer Silbe steht, wie auch in diesem Fall. Bei einsilbigen Wörtern hilft man sich, indem man die Wörter verlängert (Kind, Kin-der). **9**) Vorsicht Falle! Beide Schreibweisen existieren, es handelt sich jedoch um verschiedene Wortarten: Die Präposition „seit" wird wie in diesem Text nur in Verbindung mit Zeitangaben verwendet. „Seid" hingegen ist die 2. Person Plural des Hilfsverbs „sein": „Ihr **seid** wirklich eine tolle Klasse!" **10**) Zwischen dem Hauptsatz und dem Nebensatz, erkennbar an der Konjunktion „**dass**", steht ein Komma. **11**) Die Schreibung „schimpfen" mit der Buchstabenkombination **pf** in der Mitte wird erst beim artikulierten Aussprechen deutlich. Eine spezielle Regelung oder Erklärung gibt es nicht. **12**) „**Den**" steht hier als bestimmter Artikel zum Nomen „Befunden". Der Vokal wird lang gesprochen. Bei der Konjunktion „denn" hingegen ist der Vokal kurz: „Ich habe keine Angst vor der Prüfung, **denn** ich habe mich gut vorbereitet."*

2. *✎ **Hinweis:** Damit deine Lösung gewertet wird, darfst du nicht mehr als vier Wörter markieren.*

   a) Das Singen an einem Karaokeabend ist nichts [neues] und nicht jedermanns Geschmack.

__Hinweis:__ Mengenangaben wie „nichts" haben die gleiche Funktion wie Artikel, das heißt, sie wandeln das zugehörige Adjektiv in ein Nomen um. („Ich habe __viel Schlimmes__ gehört.", „Wir haben __etwas Schönes__ erlebt.")

d) Im anschließenden Wettbewerb hat jedoch keiner angst vor einer Niederlage.

__Hinweis:__ Wie andere Gefühle auch, z. B. Freude, Trauer etc., ist Angst ein abstraktes Nomen und muss deshalb großgeschrieben werden. Dass „Angst" hier als Nomen verwendet wird, lässt sich auch daran erkennen, dass man ein Begleitwort voranstellen kann („hat jedoch keiner __große__ Angst"). Nur selten wird „angst" adjektivisch verwendet und kleingeschrieben („ihm wurde __angst__ und bange").

f) Unsere Regeln besagen, dass es nicht Rechtens ist, nur die Melodie zu summen.

__Hinweis:__ Das Wort „rechtens" bedeutet so viel wie „rechtmäßig". Es wird hier wie ein Adjektiv verwendet und bildet zusammen mit „ist" das Prädikat des Satzes. Daher musst du es kleingeschrieben.

i) Der Abend ist begleitet von gutem Essen und die Sieger stehen erst Nachts fest.

__Hinweis:__ Tageszeiten werden dann kleingeschrieben, wenn sie wie hier als Adverb gebraucht werden. („Sie feierten in der __Nacht.__"/„Sie feierten __nachts__.")

3. *__Hinweis:__ Für einen Punkt musst du sowohl die Schreibweise als auch die Bezeichnung der Wortart richtig eintragen. Es gibt keine halben Punkte.*

Man nimmt heute an, **dass (K)**[1] die ersten Origami-Figuren aus dem alten China stammten und dort im ersten oder zweiten Jahrhundert unserer Zeitrechnung erstmals entstanden. **Das (A)**[2] Papier stellten die Chinesen rund 200 Jahre zuvor zum ersten Mal her. Jahrhunderte später erreichte dieses Wissen um diese Kunst auch Japan, **das (R)**[3] sich damals in der „Heian-Zeit" (794 bis 1185) befand. Auch in Ägypten und Mesopotamien geschah **das (D)**[4] unabhängig hiervon. **Dass (K)**[5] die Japaner erst im 19. Jahrhundert dem Papierfalten den Namen „Origami" gaben, ist interessant.

Nach: Felicia Chacón Díaz und Björn Pawlak: „Origami" – Alte Kunst aus China und Japan – Aus gefaltetem Papier entstehen Figuren, HellesKöpfchen.de vom 17. 05. 2012, https://www.helles-koepfchen.de/artikel/2962.html

Hinweis: ***1****) Mit der Konjunktion „dass“ wird der Nebensatz eingeleitet, der die eigentliche Aussage in diesem Satzgefüge beinhaltet.* ***2****) Bestimmter Artikel zum Nomen „Papier“.* ***3****) Das Relativpronomen bezieht sich auf das vorangestellte Neutrum-Nomen „Japan“ und kann mit „welches“ ersetzt werden.* ***4****) Das Demonstrativpronomen bezieht sich auf die in den vorangegangenen Sätzen beschriebene Entwicklung, ein zugehöriges Nomen ist nicht erkennbar. Ersetzen kann man das Demonstrativpronomen mit „dies“.* ***5****) In diesem Satzgefüge wird der Nebensatz dem Hauptsatz vorangestellt, deshalb steht die Konjunktion „dass“ am Anfang.*

4. ***Hinweis:*** *Für jeden richtig umgeformten Haupt- oder Nebensatz gibt es einen Punkt. Dabei muss die Zeitform des Ursprungssatzes beibehalten werden. Ist das Tempus falsch oder fehlen Satzglieder, gibt es für den jeweiligen Satz keinen Punkt. Fehler in der Rechtschreibung und Zeichensetzung kosten pro Satz einen halben Punkt.*

Aktiv	**Passiv**
Nachdem man die Pfanne auf den Herd gestellt hat, schaltet man die Herdplatte an.	**Nachdem die Pfanne auf den Herd gestellt worden ist, wird die Herdplatte angeschaltet.**
Nun erhitzt man einen Esslöffel Öl.	Nun wird ein Esslöffel Öl erhitzt.
Man gibt ein aufgeschlagenes Ei in die Pfanne.	**Ein aufgeschlagenes Ei wird in die Pfanne gegeben.**
Das gebratene Spiegelei würzt man mit Salz und Pfeffer.	Das gebratene Spiegelei wird mit Salz und Pfeffer gewürzt.

Hinweis: *Kochrezepte sind ein typisches Beispiel für die Verwendung von Passivformen. Da sie eine allgemeine Anleitung darstellen, gibt es auch keine handelnde Person. Will man einen Passiv- in einen Aktivsatz umformen, wird jedoch ein „Täter“ benötigt und das allgemeine „man“ als Subjekt eingefügt. Das Subjekt im Passivsatz bildet sich aus dem Akkusativ-Objekt des Aktivsatzes („die Pfanne“, „ein aufgeschlagenes Ei“) und das „man“ aus dem Aktivsatz verschwindet. Das Verb im Passiv benötigt eine konjugierte Form des Hilfsverbs „werden“ („gestellt worden ist“, „wird angeschaltet“, „wird gegeben“), achte dabei besonders auf die korrekte Zeitform.*